BESTACTIVITYBOOKS.COM

PREMIERE ÉDITION

Dépôt légal, 2022

Illustration Graphique Extra: www.freepik.com
Merci à Alekksall, Starline, Pch.vector, Rawpixel.com, Vectorpocket, Dgim-studio, Upklyak, Macrovector, Stockgiu, Pikisuperstar & Freepik.com Designers

5 ASTUCES POUR DÉMARRER !

1) COMMENT RÉSOUDRE LES MOTS MÊLÉS

Les puzzles sont dans un format classique :

- Les mots sont cachés sans espaces, tirets, ...
- Orientation : Les mots peuvent être écrits en avant, en arrière, vers le haut, vers le bas ou en diagonale (ils peuvent être inversés).
- Les mots peuvent se chevaucher ou se croiser.

2) UN APPRENTISSAGE ACTIF

Un espace est prévu à côté de chaque mots pour noter la traduction. Pour favoriser un apprentissage actif un **DICTIONNAIRE** à la fin de cette édition vous permettra de vérifier et étendre vos connaissances. Cherchez et notez les traductions, trouvez-les dans le Puzzle et ajoutez-les à votre vocabulaire !

3) MARQUEZ LES MOTS

Vous pouvez inventer votre propre système de marquage. Peut-être en utilisez-vous déjà un ? Sinon, vous pourriez, par exemple, marquer les mots qui ont été difficiles à trouver d'une croix, ceux que vous avez aimés d'une étoile, les mots nouveaux d'un triangle, les mots rares d'un diamant, etc...

4) STRUCTUREZ VOTRE APPRENTISSAGE

Cette édition vous offre un **CARNET DE NOTES** très pratique à la fin du livre. En vacances ou en voyage ou à la maison, vous pouvez facilement organiser vos nouvelles connaissances sans avoir besoin d'un second bloc-notes !

5) VOUS AVEZ FINI TOUTES LES GRILLES ?

Allez à la section bonus **CHALLENGE FINAL** pour trouver un jeu gratuit à la fin de cette édition !

Simple et Rapide ! Découvrez notre collection de livres d'activités pour votre prochain moment de détente et **d'apprentissage**, à juste un clic de distance !

Trouvez votre prochain défi sur :

BestActivityBooks.com/MonProchainLivre

À vos marques, prêts... Partez !

Saviez-vous qu'il existe environ 7 000 langues différentes dans le monde ? Les mots sont précieux.

Nous aimons les langues et avons travaillé dur pour créer les livres de la plus haute qualité pour vous. Nos ingrédients ?

Une sélection des thématiques d'apprentissage adaptée, trois belles parts de divertissement, puis nous ajoutons une cuillère de mots difficiles et une pincée de mots rares. Nous les servons avec soin et un maximum de plaisir pour vous permettre de résoudre les meilleurs jeux de mots mêlés qui soient et d'apprendre en vous amusant !

Votre avis est essentiel. Vous pouvez participer activement au succès de ce livre en nous laissant un commentaire. Nous aimerions vraiment savoir ce que vous avez préféré dans cette édition !

Voici un lien rapide qui vous mènera à la page d'évaluation de vos commandes :

BestBooksActivity.com/Avis50

Merci pour votre aide et amusez-vous bien !

De la part de toute l'équipe

1 - Adjectifs #2

อ	ร	◌ั	บ	ผ	◌ิ	ด	ช	อ	บ	า	ม	◌็	ค	เ
ร	◌ุ	ง	ย	ส	◌ี	เ	อ	ช	◌ื	◌่	◌ี	ม	◌์	เ
ล	บ	ด	ว	จ	า	ข	อ	ฟ	ง	ม	พ	ท	ร	ป
ซ	ง	ภ	ม	อ	ธ	ร	ด	ก	◌่	ห	ร	เ	ร	◌็
ส	ข	ผ	◌ู	ส	ไ	ศ	ค	ข	ว	ไ	ส	ง	ส	น
ง	ช	ไ	ฟ	ม	ม	ธ	พ	ล	ง	ค	ว	แ	ง	ธ
◌่	น	บ	ย	ธ	◌ิ	บ	อ	อ	น	ป	ร	ป	า	ร
า	ะ	ภ	น	ก	ว	ไ	◌ู	ท	อ	ห	ร	◌่	◌้	ร
แ	ห	◌้	ง	◌่	ย	ห	จ	ร	น	ก	ค	า	ร	ม
ป	ษ	ท	◌ั	ต	า	ษ	ภ	ว	ณ	ศ	◌์	ด	ส	ช
ซ	เ	แ	ล	น	บ	ส	เ	ต	บ	◌์	อ	ค	ม	า
ม	ม	จ	พ	า	◌ิ	ส	น	ด	ร	า	ม	◌่	า	ต
ด	ด	ฉ	ง	ล	ธ	ญ	ซ	ไ	ล	ภ	ร	ซ	ไ	◌ิ
ช	พ	ซ	ร	เ	ย	ข	ย	ฉ	จ	จ	อ	ะ	จ	ค
บ	ร	า	ท	แ	ข	◌็	ง	แ	ร	ง	ไ	ศ	ล	ไ

แท้
มีชื่อเสียง
สร้างสรรค์
ธิบาย
มีพรสวรรค์
ดราม่า
สง่า
ภูมิใจ
น่าสนใจ
เป็นธรรมชาติ
ใหม่
อุดมสมบูรณ์
ทรงพลัง
รับผิดชอบ
แข็งแรง
เค็ม
ป่า
แห้ง
ง่วงนอน

2 - Force et Gravité

ร	ศ	ก	แ	ค	น	ช	ว	ผ	ฟ	ฟ	ค	ฝ	ไ	น
ท	ร	ล	ม	◌ุ	จ	ถ	ง	ล	◌ิ	า	ว	ณ	เ	◌้
ย	ก	ศ	◌่	ณ	จ	เ	โ	ก	ส	ร	า	แ	ว	◌ำ
ร	ผ	า	เ	ส	ภ	เ	ค	ร	◌ิ	บ	ม	ช	◌ั	ห
เ	ท	ส	ห	ม	ร	ล	จ	ะ	ก	พ	เ	ฟ	ต	น
ฉ	แ	ต	ล	บ	ไ	ะ	ร	ท	ส	น	ร	ฟ	ย	◌ั
ษ	ญ	ร	◌็	◌ั	ณ	ซ	ย	บ	◌์	◌้	◌็	ไ	า	ก
ธ	จ	◌์	ก	ต	ถ	ะ	ว	ะ	บ	ค	ว	อ	ย	ท
ก	า	ผ	ข	◌ิ	ว	ร	ท	ข	ท	ร	ข	ล	ข	ะ
โ	ม	เ	ม	น	ต	◌ั	ม	ร	ธ	า	ส	ย	ร	ฉ
พ	ล	ว	◌ั	ต	ป	ภ	ง	ญ	ผ	ก	ง	า	า	ท
ก	า	ร	เ	ค	ล	◌ื	◌่	อ	น	ไ	ห	ว	ก	ป
แ	ก	น	◌ั	ด	ม	า	ว	ค	เ	ว	ล	า	ฝ	ล
ด	ศ	◌ู	น	ย	◌์	ก	ล	า	ง	ษ	ง	เ	ก	ข
แ	ร	ง	เ	ส	◌ี	ย	ด	ท	า	น	า	ง	ฉ	ฉ

แกน
ศูนย์กลาง
การค้นพบ
ระยะทาง
พลวัต
การขยายตัว
โมเมนตัม
แรงเสียดทาน
ผลกระทบ
แม่เหล็ก
กลศาสตร์
การเคลื่อนไหว
วงโคจร
ฟิสิกส์
น้ำหนัก
ความดัน
คุณสมบัติ
เวลา
สากล
ความเร็ว

3 - Adjectifs #1

ท	◌ั	น	ส	ม	◌ั	ย	ว	ส	ฟ	ไ	า	ต	ช	ณ
ซ	◌ื	◌่	อ	ส	◌ั	ต	ย	◌์	ห	ศ	ย	ร	ช	ญ
ท	ะ	เ	ย	อ	ท	ะ	ย	า	น	ล	ธ	น	ผ	ษ
ณ	ร	า	า	ว	บ	ถ	ธ	ศ	ง	ะ	ฉ	ถ	ร	ศ
ฝ	เ	ห	ม	◌ื	อ	น	ก	◌ั	น	ป	ล	ณ	อ	ร
ผ	◌ู	◌้	บ	ร	◌ิ	ส	◌ุ	ท	ธ	◌ิ	◌์	ค	ง	ถ
ส	ศ	◌ิ	ล	ป	ะ	แ	ห	น	◌ุ	◌่	ม	ส	า	ว
แ	◌ำ	ฟ	ล	ฉ	ไ	ซ	น	บ	า	ง	แ	ถ	◌้	ส
น	ป	ค	ฟ	ง	เ	ถ	ง	◌่	พ	พ	ฝ	ค	ว	ม
ด	ท	ล	◌ั	ต	ษ	ง	ข	ญ	น	จ	ก	ต	ก	บ
ถ	ง	ย	ก	ญ	อ	ล	ผ	ห	ฟ	อ	ว	ท	จ	◌ู
ญ	ภ	ป	◌ั	ไ	ฝ	ฉ	ช	ไ	ฉ	ธ	น	ด	ไ	ร
อ	ส	เ	น	ด	ห	◌์	น	◌่	ส	เ	◌ี	ม	ข	ณ
ร	ฟ	พ	ห	ภ	บ	ม	ช	ห	อ	ม	ช	◌้	า	◌์
ภ	ไ	ช	ไ	ช	ว	ล	◌่	ค	แ	ง	อ	◌่	ล	ค

แน่นอน
คล่องแคล่ว
ทะเยอทะยาน
หอม
ศิลปะ
มีเสน่ห์
สวย
แปลกใหม่
ใหญ่
ใจกว้าง
ซื่อสัตย์
เหมือนกัน
สำคัญ
ผู้บริสุทธิ์
หนุ่มสาว
ช้า
หนัก
บาง
ทันสมัย
สมบูรณ์

4 - Instruments de Musique

เ	ค	แ	า	เ	ข	ถ	ม	ท	ซ	ฮ	โ	อ	โ	บ
ษ	ส	า	บ	ษ	ญ	พ	ต	ร	ไ	า	ะ	ง	ฝ	ไ
ษ	ฝ	ผ	ไ	น	ข	ไ	ช	อ	ป	ร	ฆ	◌้	อ	ง
ห	ย	ส	ด	ซ	โ	แ	แ	ม	ฉ	◌์	ห	ไ	ญ	แ
ก	◌ี	ต	า	ร	◌์	จ	ก	โ	ส	โ	ร	ช	บ	ซ
เ	ป	◌ี	ย	โ	น	ล	ล	บ	ผ	ม	ป	า	ท	ก
ต	◌ี	ร	ะ	ฆ	◌ั	ง	อ	น	ถ	น	◌ี	ข	ฮ	โ
น	◌ิ	ล	อ	โ	ว	ไ	ง	ร	ษ	◌ิ	◌่	ล	แ	ซ
◌็	ะ	ไ	ซ	ผ	ณ	ข	ซ	◌ี	ฉ	ก	บ	◌ุ	ม	โ
เ	เ	ญ	ญ	ต	ต	ผ	ธ	◌ู	ษ	◌้	า	◌่	น	ฟ
◌ิ	ค	ช	ม	า	ร	◌ิ	ม	บ	า	า	ส	ย	โ	น
ร	พ	า	ล	ะ	จ	ภ	ฟ	ม	ษ	ส	ซ	ก	ด	ฉ
า	บ	ส	แ	โ	ล	แ	ย	ท	า	า	◌ู	ษ	ล	ะ
ล	า	บ	ญ	ข	ล	ต	ค	แ	ก	เ	น	ง	◌ิ	ธ
ค	ข	ท	ง	ส	ร	ร	ย	บ	ท	ด	ข	ค	น	ธ

แบนโจ
ปี่บาสซูน
ตีระฆัง
คลาริเน็ต
ขลุ่ย
ฆ้อง
กีตาร์
ฮาร์โมนิก้า
ฮาร์ป
โอโบ
แมนโดลิน
มาริมบา
เปียโน
แซกโซโฟน
กลอง
แทมบูรีน
ทรอมโบน
แตร
ไวโอลิน
เชลโล

5 - Échecs

ธ	ช	ญ	ด	ต	ม	อ	ล	ผ	ผ	ฎ	ธ	ค	ค	แ
อ	ผ	ช	า	ข	ช	◌ุ	ณ	◌ู	เ	ก	ม	ว	ว	ช
ม	ม	◌ุ	ง	ย	แ	ท	น	◌้	ส	เ	ง	◌ี	า	ม
จ	ม	แ	ษ	ข	ผ	◌ิ	เ	เ	ถ	ห	ธ	น	ม	ป
า	ว	อ	ง	ช	◌่	ศ	ป	ล	ฉ	ล	า	ด	ท	◌์
ณ	ภ	ฟ	น	เ	ะ	แ	ช	◌่	ม	ช	ล	ก	◌้	ศ
ข	า	ว	ล	ด	ร	ค	◌่	น	า	น	ว	ษ	า	ย
ส	อ	บ	ฟ	ท	ไ	◌ี	ร	◌ู	ธ	า	เ	◌ั	ท	ก
ย	อ	ผ	ต	ช	ไ	ล	ย	ะ	ค	ว	ข	ต	า	ล
ญ	พ	ผ	ไ	ค	ล	ณ	า	น	บ	ล	จ	ร	ย	ย
ม	ฝ	ด	ศ	ค	ะ	แ	น	น	ร	ะ	ป	◌ิ	ย	◌ุ
ส	◌ี	ด	◌ำ	ร	◌ู	ศ	ศ	ภ	ไ	◌ู	ภ	ย	ไ	ท
ก	า	ร	แ	ข	◌่	ง	ข	◌ั	น	ด	◌้	◌์	ท	ธ
ค	ด	ก	ข	ก	ฉ	ภ	บ	ศ	ห	ะ	ฟ	ย	ท	◌์
ข	น	อ	ภ	ซ	ข	จ	ก	ก	จ	ผ	ษ	ศ	แ	ฉ

คู่แข่ง
เรียนรู้
ขาว
แชมป์
ความท้าทาย
เส้นทแยงมุม
ฉลาด
เกม
ผู้เล่น
สีดำ

รู
คะแนน
ควีน
กฎ
กษัตริย์
อุทิศ
กลยุทธ์
เวลา
การแข่งขัน

6 - Herboristerie

ส	่	ว	น	ผ	ส	ม	โ	ศ	ศ	ไ	ม	เ	ก	า
ธ	ส	ง	ว	ถ	า	พ	ะ	ร	ห	โ	ธ	ว	ย	ภ
ม	ต	ป	ส	น	ิ	ต	า	ช	ส	ร	ญ	ม	ฉ	อ
ล	า	เ	ว	น	เ	ด	อ	ร	์	แ	ญ	อ	์	ด
แ	ผ	ั	ก	ช	ี	ฝ	ร	ั	่	ง	ม	ห	ว	ส
ก	ภ	ค	ร	ร	จ	ไ	ท	ว	ด	ม	ย	ร	ย	ร
เ	ม	็	ด	ย	ี	่	ห	ร	่	า	ี	ห	ี	ร
ม	า	ร	์	โ	จ	แ	ร	ม	ต	ด	ท	ญ	ข	่
ก	า	ร	ท	ำ	อ	า	ห	า	ร	อ	เ	้	เ	ร
ศ	ผ	ต	ง	ศ	ผ	ด	ธ	ฝ	ผ	ก	ะ	า	ป	บ
ก	ไ	ค	อ	ผ	น	ย	ง	ศ	แ	ไ	ร	ฝ	ณ	ศ
ท	า	ร	์	ร	า	ก	อ	น	ป	ม	ก	ร	บ	จ
ค	ุ	ณ	ภ	า	พ	แ	ณ	ก	อ	้	ม	ั	ไ	ช
เ	ป	็	น	ป	ร	ะ	โ	ย	ช	น	์	่	ส	พ
ม	ิ	น	ต	์	ส	ส	ผ	ะ	ฝ	ภ	ช	น	อ	ญ

กระเทียม
หอม
โหระพา
เป็นประโยชน์
การทำอาหาร
ทาร์รากอน
เม็ดยี่หร่า
ดอกไม้
ส่วนผสม
สวน
ลาเวนเดอร์
มาร์โจแรม
มินต์
ผักชีฝรั่ง
คุณภาพ
โรสแมรี่
หญ้าฝรั่น
รสชาติ
ไธม์
เขียว

7 - Véhicules

ค	อ	ไ	ร	ภ	ต	เ	เ	ร	ถ	เ	ม	ล	◌์	ว
ย	ญ	ง	ภ	พ	ช	ร	ฮ	◌์	บ	ย	บ	ษ	ภ	ไ
ฉ	ถ	ก	ม	ม	อ	◌ื	ล	อ	ฟ	ป	ว	อ	ท	ค
ก	ร	ะ	ส	ว	ย	อ	◌ิ	ต	ย	เ	เ	ม	ม	ภ
แ	ซ	เ	ภ	อ	ง	ด	ค	เ	ผ	ค	◌์	ร	ถ	ฝ
ซ	ศ	ม	ไ	ล	ฟ	◌ำ	อ	ต	ษ	ร	ร	ถ	◌ื	ป
จ	ฉ	ะ	ค	ซ	ก	น	ป	◌๊	ะ	◌ื	อ	บ	ช	อ
ร	ร	า	ก	ซ	◌ุ	◌้	เ	◌ู	ส	◌่	ต	ซ	ร	ก
ถ	ไ	ว	ษ	แ	ท	◌ำ	ต	ก	ว	อ	เ	◌ี	ว	ไ
พ	ก	ข	ด	ด	ร	ไ	อ	ส	ต	ง	ก	◌่	ะ	ช
ย	ย	า	ง	ณ	ร	ผ	ร	น	า	ย	ร	ก	◌ั	จ
า	ร	ถ	ย	ค	บ	แ	◌์	ไ	ด	น	ท	◌็	ถ	ต
บ	ง	น	ส	ไ	ถ	ท	พ	ส	ะ	ต	แ	ท	ม	ง
า	ส	แ	ค	า	ร	า	ว	า	น	◌์	ถ	แ	า	เ
ล	เ	ค	ร	◌ื	◌่	อ	ง	บ	◌ิ	น	ร	ช	อ	ต

รถพยาบาล
เครื่องบิน
เรือ
รถเมล์
รถบรรทุก
คาราวาน
จรวด
เฮลิคอปเตอร์
เครื่องยนต์
กระสวย
ยาง
แพ
สกู๊ตเตอร์
เรือดำน้ำ
แท็กซี่
รถแทรกเตอร์
จักรยาน
รถ

8 - Camping

ค	ก	ว	ม	ห	เ	ญ	ม	แ	อ	น	ร	า	พ	ท
ต	ช	ษ	◌้	◌้	ข	ล	◌่	า	ส	◌ั	ต	ว	◌์	ะ
ไ	ฟ	ค	ไ	า	◌็	ด	จ	ฉ	◌่	ธ	ว	ง	ก	เ
ย	ะ	ม	น	ง	ม	แ	พ	จ	เ	ป	ะ	น	า	ล
ส	ง	ณ	◌้	ล	ท	ค	ว	ผ	ฟ	ซ	ถ	ไ	ร	ส
ธ	◌ั	ญ	ต	ม	◌ิ	น	ว	ญ	ล	ป	เ	ด	ผ	า
ร	ห	ต	ไ	แ	ศ	◌ู	ล	น	ฟ	ม	ฉ	ว	จ	บ
ร	ณ	ญ	ว	ฝ	ญ	ธ	ไ	ท	◌่	ต	ษ	ง	ญ	ข
ม	น	ว	ท	◌์	น	◌็	ต	เ	ร	◌ี	ซ	จ	ภ	จ
ช	ฉ	ถ	ก	ฉ	อ	ค	ผ	จ	ข	ถ	ท	◌ั	◌ั	ฟ
า	แ	ญ	า	ข	เ	◌ู	ภ	ท	แ	ญ	ะ	น	ย	ผ
ต	ง	บ	ค	ฉ	ช	ไ	น	ฝ	ส	ม	ณ	ท	ผ	น
◌ิ	ห	ม	ฟ	พ	◌ี	ณ	พ	ฟ	น	ญ	ษ	ร	ษ	แ
เ	ฉ	ฟ	อ	ป	อ	บ	ข	ธ	พ	ย	ว	◌์	ฟ	ไ
ข	ญ	ธ	ผ	ผ	ก	อ	◌ุ	ป	ก	ร	ณ	◌์	ถ	ไ

สัตว์
ต้นไม้
การผจญภัย
เข็มทิศ
ห้าง
แคนู
แผนที่
หมวก
ล่าสัตว์
เชือก
อุปกรณ์
ไฟ
ป่า
เปลญวน
แมลง
ทะเลสาบ
ดวงจันทร์
ภูเขา
ธรรมชาติ
เต็นท์

9 - Écologie

ศ	ท	แ	ภ	ท	พ	ญ	ธ	ป	ผ	อ	ศ	ไ	ธ	ท
เ	ง	ษ	◌ู	ฝ	ห	ห	ห	ร	ล	ป	แ	แ	ณ	◌ั
ป	น	ช	ม	◌ุ	ช	แ	ด	ภ	ร	แ	ถ	ฟ	ท	◌่
◌็	ส	เ	◌ิ	ไ	ล	อ	ก	ส	ญ	ม	เ	ห	บ	ว
น	า	ร	อ	ล	ฟ	ข	เ	พ	◌ี	ช	ช	ป	บ	โ
ธ	ย	อ	า	ส	◌ั	ต	ว	◌์	ป	◌่	า	า	ไ	ล
ร	พ	ถ	ก	อ	า	ส	า	ส	ม	◌ั	ค	ร	ต	ก
ร	◌ั	ผ	า	ข	เ	◌ู	ภ	ท	ฉ	า	ร	เ	แ	◌ิ
ม	น	แ	ศ	ล	า	น	ว	ก	ะ	จ	ฟ	ถ	ญ	ฉ
ช	ธ	ล	ท	◌ี	◌่	อ	ย	◌ู	◌่	อ	า	ศ	◌ั	ย
า	◌ุ	◌้	เ	ง	ธ	ภ	ช	◌ึ	ษ	ไ	ร	ษ	ธ	ภ
ต	◌์	ง	ภ	ะ	ฉ	ห	เ	ษ	ง	ช	จ	ศ	ค	ญ
◌ิ	ง	◌ึ	ป	อ	ท	ซ	ห	บ	ห	◌่	ญ	ท	ณ	ณ
ห	น	บ	า	ไ	ล	ร	ก	า	ย	พ	◌ั	ร	ท	เ
ค	ว	า	ม	ห	ล	า	ก	ห	ล	า	ย	ย	บ	ห

อาสาสมัคร
ภูมิอากาศ
ชุมชน
ความหลากหลาย
ยั่งยืน
สายพันธุ์
สัตว์ป่า
ฟลอรา
ทั่วโลก
ที่อยู่อาศัย
บึง
ทะเล
ภูเขา
ธรรมชาติ
เป็นธรรมชาติ
ทรัพยากร
แล้ง
พืช

10 - Géometrie

ภ	น	ง	ธ	ข	ต	ะ	ม	ค	ค	อ	ต	ก	ญ	จ
ส	ม	ก	า	ร	น	ณ	ว	น	◌ำ	ค	ร	า	ก	น
ข	ล	เ	ว	◌ั	ต	า	ล	ท	น	ช	ร	ฉ	ม	ช
ไ	ก	ท	ฤ	ษ	ฎ	◌ี	น	ย	ภ	ะ	ก	ง	◌ั	น
ภ	ง	ไ	ภ	า	ป	ม	ฉ	ม	ก	ะ	ะ	◌้	ธ	ท
บ	ว	ป	ญ	ล	จ	ย	ง	ศ	ง	ถ	ะ	◌ั	ย	ต
ญ	ผ	ม	◌ิ	ต	◌ิ	◌่	จ	ก	ค	ซ	ข	ต	ฐ	ช
ย	◌ิ	ค	ส	ห	ไ	◌ี	ย	ต	◌้	ฟ	า	ธ	า	บ
ไ	น	ผ	◌ั	ซ	ฉ	ล	จ	แ	โ	ไ	ส	ฝ	น	แ
ข	◌้	ณ	ด	ส	ะ	ห	พ	ค	น	ก	ช	อ	ศ	ย
ข	◌ี	ศ	ส	ษ	ม	เ	ฝ	ง	◌้	◌ั	ต	ว	น	แ
า	พ	ห	◌่	จ	ซ	ม	ง	◌ู	ส	ม	า	ว	ค	ช
น	ม	ล	ว	พ	ล	า	า	น	เ	◌่	พ	ด	ฝ	ฉ
ศ	◌ุ	ะ	น	ส	ข	ส	ณ	ต	ศ	น	ว	ด	อ	ฝ
ศ	ม	ถ	ถ	ส	ฉ	ศ	เ	ป	ร	ห	ญ	น	ย	ม

มุม
การคำนวณ
วงกลม
เส้นโค้ง
มิติ
สมการ
ความสูง
ตรรกะ
มวล
มัธยฐาน
ตัวเลข
ขนาน
ตั้งฉาก
สัดส่วน
ส่วน
พื้นผิว
สมมาตร
ทฤษฎี
สามเหลี่ยม
แนวตั้ง

11 - Les Médias

จ	ต	ฝ	ซ	ค	ภ	ถ	ถ	บ	อ	ภ	ป	ท	ส	ว
ญ	ข	◌้	อ	เ	ท	◌็	จ	จ	ร	◌ิ	ง	◌้	า	◌ิ
ท	ฉ	อ	◌ุ	ต	ส	า	ห	ก	ร	ร	ม	อ	ธ	ท
ก	◌ั	ด	◌ิ	จ	◌ิ	ท	◌ั	ล	ย	จ	ฉ	ง	า	ย
า	ภ	ศ	◌์	ว	น	ก	ศ	ล	ป	อ	บ	ถ	ร	◌ุ
ร	า	น	น	◌็	ห	เ	ม	า	ว	ค	◌ั	◌ิ	ณ	ส
ส	พ	ช	ล	ค	ค	◌ุ	บ	ย	า	ร	บ	◌่	ะ	ท
◌ี	ถ	ล	ไ	ไ	ต	ผ	ถ	ธ	ข	ร	ว	น	ก	ว
◌่	◌่	ส	น	ต	ว	◌ิ	ก	า	ร	ศ	◌ึ	ก	ษ	า
อ	า	ห	อ	เ	ค	ร	◌ื	อ	ข	◌่	า	ย	โ	ว
ส	ย	ษ	อ	โ	ท	ร	ท	◌ั	ศ	น	◌์	เ	ฆ	ฟ
า	ญ	ญ	ป	◌ั	◌ิ	ต	ส	ว	ล	ฝ	ก	ง	ษ	ช
ร	ห	น	◌ั	ง	ส	◌ื	อ	พ	◌ิ	ม	พ	◌์	ณ	ข
แ	ด	ต	ฉ	ม	จ	ษ	ฝ	า	ง	เ	บ	ก	า	ษ
ภ	ภ	ช	ล	ย	ข	ก	ฉ	ภ	ว	ต	ไ	ศ	แ	ส

ทัศนคติ
โฆษณา
การสื่อสาร
ออนไลน์
ฉบับ
การศึกษา
ข้อเท็จจริง
ภาพ
รายบุคคล
อุตสาหกรรม
สติปัญญา
หนังสือพิมพ์
ท้องถิ่น
ดิจิทัล
ความเห็น
ภาพถ่าย
สาธารณะ
วิทยุ
เครือข่าย
โทรทัศน์

12 - Philanthropie

ค	ว	า	ม	เ	อ	◌ื	◌้	อ	อ	า	ท	ร	ป	ณ
ล	ช	ภ	ไ	ไ	ก	ต	ด	ว	ย	ะ	ช	ก	ร	เ
ผ	ฉ	ผ	ฝ	ษ	า	โ	◌้	ข	ง	ถ	◌ุ	ป	ะ	ถ
ก	า	ร	เ	ง	◌ิ	น	ป	อ	ว	ส	ม	ง	ว	ษ
ภ	า	ร	ก	◌ิ	จ	ต	ถ	ร	ง	ไ	ช	บ	◌ั	ต
ล	ฝ	ร	ผ	า	ต	◌ิ	ญ	น	แ	ก	น	ษ	ต	◌ิ
ศ	ช	ะ	แ	เ	ย	า	ว	ช	น	ก	า	ก	◌ิ	ด
◌ุ	ห	ย	ธ	ม	ย	ช	จ	ส	ค	ภ	ร	ร	ศ	ต
ก	ษ	ซ	ภ	ถ	ล	ย	เ	ซ	◌้	ค	ล	ม	า	◌่
ร	ด	ซ	แ	ห	ไ	ษ	ท	ณ	◌ู	ข	ท	◌่	ส	อ
า	ส	ะ	จ	ก	ต	◌ุ	ษ	ม	ผ	ไ	ง	◌ุ	ต	ธ
ก	อ	ง	ท	◌ุ	น	น	ว	ล	ย	ผ	ม	ล	ร	ณ
ย	า	ท	า	◌้	ท	ม	า	ว	ค	ห	ม	ก	◌์	ท
แ	ค	ว	า	ม	ซ	◌ื	◌่	อ	ส	◌ั	ต	ย	◌์	ฉ
เ	ป	◌้	า	ห	ม	า	ย	ท	◌ั	◌่	ว	โ	ล	ก

ต้องการ
เป้าหมาย
การกุศล
ชุมชน
ติดต่อ
ความท้าทาย
การเงิน
กองทุน
ผู้คน
ความเอื้ออาทร
ทั่วโลก
กลุ่ม
ประวัติศาสตร์
ความซื่อสัตย์
มนุษยชาติ
เยาวชน
ภารกิจ
โปรแกรม

13 - Diplomatie

ไ	ไ	ณ	ย	ข	ร	ช	ง	า	ด	ส	เ	ท	ภ	ค
อ	ะ	ห	ข	ง	ด	◌ุ	อ	บ	ฝ	า	อ	◌ี	ค	ว
ภ	ย	ฉ	ง	อ	◌ี	ม	เ	ล	พ	ร	ก	◌่	ว	า
ษ	ณ	◌่	ณ	ไ	ต	ช	อ	ช	ม	ล	อ	ป	า	ม
ศ	ค	ษ	า	ก	ท	น	ภ	ข	น	ะ	◌ั	ร	ม	ย
ถ	ง	น	อ	ง	◌ู	บ	ด	ช	◌ุ	ล	ค	◌ึ	ข	◌ุ
ง	อ	◌ื	ม	เ	ร	า	ก	ไ	ษ	า	ร	ก	◌ั	ต
ต	◌่	า	ง	ช	า	ต	◌ิ	ร	ย	ย	ร	ษ	ด	◌ิ
◌ู	ล	ค	ห	ข	ก	ต	ก	◌ั	ธ	ด	า	า	แ	ธ
ท	ฉ	ฝ	ร	ฝ	ก	ช	ย	ฐ	ร	ษ	ช	ฉ	ย	ร
น	ณ	ญ	ศ	า	◌ั	ด	พ	บ	ร	ร	ท	ว	◌้	ร
า	พ	ธ	า	ล	น	อ	ญ	า	ม	อ	◌ู	ย	ง	ม
ถ	ร	ส	ม	ว	ย	ห	ศ	ล	แ	อ	ต	ค	ข	อ
ส	ผ	เ	ะ	จ	ร	◌ิ	ย	ธ	ร	ร	ม	ณ	ช	ฝ
ค	ว	า	ม	ซ	◌ี	◌่	อ	ส	◌ั	ต	ย	◌์	อ	ต

สถานทูต
เอกอัครราชทูต
พลเมือง
ชุมชน
ความขัดแย้ง
ที่ปรึกษา
นักการทูต
อย่าง
จริยธรรม
ต่างชาติ
รัฐบาล
มนุษยธรรม
ความซื่อสัตย์
ความยุติธรรม
การเมือง
สารละลาย

14 - Astronomie

จ	◌ั	ก	ร	ร	า	ศ	◌ี	เ	ย	ไ	ศ	ร	ณ	ข
น	◌ั	ก	ด	า	ร	า	ศ	า	ส	ต	ร	◌์	ธ	ด
น	บ	ส	ะ	ช	ช	พ	ก	า	แ	ล	ก	ซ	◌ี	◌่
ซ	◌ั	ด	า	ว	เ	ท	◌ี	ย	ม	แ	ต	จ	จ	า
◌ู	ถ	ก	น	◌์	ห	ะ	า	ร	ค	เ	ว	า	ด	ณ
เ	ง	อ	บ	จ	ญ	ฝ	ธ	า	ว	ส	า	ร	ค	เ
ป	ย	◌์	ต	◌ิ	ท	า	อ	ง	ส	แ	ด	ว	ร	จ
อ	แ	ผ	ว	โ	น	ด	ว	ง	จ	◌ั	น	ท	ร	◌์
ร	ส	ข	◌ั	เ	ล	อ	ร	◌ั	ง	ส	◌ี	น	ณ	ไ
◌์	ช	บ	ษ	ซ	ย	ก	ว	า	ด	◌ู	ด	อ	ห	ล
โ	ข	น	◌ุ	ค	ง	ว	ค	ก	ค	ฟ	ถ	ข	ฝ	น
น	ศ	เ	◌ิ	ล	ค	ย	ไ	ล	า	ว	ร	ก	◌ั	จ
ว	บ	ป	ว	ข	ล	ร	ล	ฝ	ต	ศ	ช	ม	ว	ท
า	ล	ว	◌ิ	บ	น	เ	ก	ล	◌ุ	◌่	ม	ด	า	ว
ไ	ร	ท	◌้	อ	ง	ฟ	◌้	า	อ	ฟ	ช	บ	ะ	ค

นักบินอวกาศ
นักดาราศาสตร์
ท้องฟ้า
กลุ่มดาว
คราส
วิษุวัต
จรวด
กาแลกซี่
ดวงจันทร์
ดาวตก
เนบิวลา
หอดูดาว
ดาวเคราะห์
รังสี
ดาวเทียม
แสงอาทิตย์
ซุเปอร์โนวา
โลก
จักรวาล
จักรราศี

15 - Physique

ค	ณ	ซ	ผ	ก	า	ร	ข	ย	า	ย	ต	◌ั	ว	เ
ว	ค	อ	ด	ท	ไ	น	ะ	ว	ร	บ	ม	ว	ล	ย
า	เ	ค	ร	◌ี	◌่	อ	ง	ย	น	ต	◌์	จ	ด	ฝ
ม	เ	น	ฟ	ษ	ช	ฉ	ะ	ไ	ะ	ญ	◌ู	ด	ฉ	ด
ห	อ	ะ	ต	อ	ม	ท	ต	เ	ถ	ฝ	ผ	ส	ย	ะ
น	โ	ด	ห	ร	ส	◌ั	ม	พ	◌ั	ท	ธ	ภ	า	พ
า	ม	เ	ย	ท	◌์	◌๊	ล	◌่	◌ี	ถ	ม	า	ว	ค
แ	เ	ค	น	อ	ร	ต	ก	ล	◌็	เ	◌ิ	อ	น	ค
น	ล	ม	ไ	ร	ต	พ	า	แ	ซ	ธ	น	ผ	◌่	ว
◌่	ก	◌ี	ป	ม	ส	ห	ส	พ	ข	ฟ	ม	อ	◌ุ	า
น	◌ุ	ญ	ล	อ	า	อ	น	◌ุ	ภ	า	ค	ท	ว	ม
ก	ล	ไ	ฉ	ช	ศ	ล	า	ป	า	ฝ	ญ	พ	ม	เ
ซ	เ	ง	ฝ	ธ	ล	ช	ค	ภ	ฟ	ภ	ธ	ผ	า	ร
ถ	ส	ะ	ด	ษ	ก	ล	◌็	ห	เ	◌่	ม	แ	ว	◌็
น	◌ิ	ว	เ	ค	ล	◌ี	ย	ร	◌์	เ	ล	ฉ	ค	ว

อะตอม
ความวุ่นวาย
เคมี
ความหนาแน่น
การขยายตัว
อิเล็กตรอน
สูตร
ความถี่
แก๊ส
แม่เหล็ก
มวล
กลศาสตร์
โมเลกุล
เครื่องยนต์
นิวเคลียร์
อนุภาค
สัมพัทธภาพ
สากล
ความเร็ว

16 - Types de Cheveux

ส	ก	ฉ	ต	ส	ไ	แ	ธ	ฝ	พ	ส	ไ	ณ	ย	พ
ธ	◌ั	◌ำ	ด	◌ี	ส	ล	ะ	ด	ษ	ป	พ	ฉ	ผ	ส
ถ	ย	◌้	ฉ	บ	ณ	ภ	ล	ฝ	ย	ร	เ	ด	ศ	ษ
◌ั	ห	ป	น	ล	า	ต	◌ำ	น	◌้	◌ี	ส	ง	ก	ญ
ก	อ	ศ	ค	อ	ษ	ห	ภ	ฝ	ฝ	ท	ส	ว	◌ิ	ณ
เ	ฟ	ร	จ	น	า	ล	◌้	ว	◌ั	ห	◌ี	ย	ย	น
ป	ผ	อ	ส	ด	น	ฉ	ว	ห	ภ	ศ	ข	ภ	ห	ส
◌ี	ย	ว	◌่	◌์	ห	จ	ต	ฉ	ข	ไ	ว	ข	า	ว
ย	ม	จ	ล	อ	ข	ก	เ	จ	ไ	ล	ก	ศ	ก	ช
น	ะ	ธ	ล	ง	น	ว	ส	◌ี	เ	ท	า	ซ	เ	า
ณ	เ	ง	า	ไ	ข	น	า	บ	า	ง	อ	ค	า	ญ
ไ	ห	ร	ฝ	ธ	ก	เ	◌ุ	ป	ท	ย	แ	ห	◌้	ง
แ	ข	◌็	ง	แ	ร	ง	ด	◌่	ท	า	ถ	◌ั	ก	ศ
า	ศ	ค	ภ	พ	น	ผ	จ	จ	ม	ว	ผ	จ	ย	า
ช	ม	ข	ก	ษ	ฉ	ญ	า	ท	ท	ต	ณ	ข	ฝ	ะ

เงิน
ขาว
สีบลอนด์
เงา
หัวล้าน
สี
สั้น
อ่อนนุ่ม
หนา
หยิก

สีเทา
ยาว
สีน้ำตาล
บาง
สีดำ
หยัก
แข็งแรง
แห้ง
ถักเปีย
ถัก

17 - Archéologie

อ	ล	◌ื	ม	ไ	ด	ษ	แ	ก	ผ	ส	ล	ข	ะ	ศ
ต	า	ว	อ	ธ	ม	ข	า	◌ู	จ	ส	◌ู	อ	า	า
อ	ก	ร	ถ	จ	ไ	◌่	อ	ด	ห	ค	ก	ง	ไ	ส
แ	า	ป	ย	ป	◌ี	ป	ท	ะ	◌์	ไ	ห	ท	ผ	ต
ว	ร	พ	ณ	ธ	ภ	ไ	น	ร	ะ	ณ	ล	◌ี	◌ู	ร
◌ั	ป	ส	ร	ธ	ร	ส	ก	ก	า	ส	า	◌่	◌้	า
ต	ร	ม	ส	บ	ข	ร	ถ	า	ร	บ	น	ร	เ	จ
ถ	ะ	◌ั	ว	ท	ษ	ไ	ม	เ	ค	ง	ป	ะ	ช	า
◌ุ	เ	ย	ษ	ง	◌ี	ผ	ว	ก	เ	ฝ	ย	ล	◌ี	ร
ญ	ม	โ	ย	◌ุ	ค	ม	◌ั	แ	◌ิ	ภ	ห	◌ื	◌่	ย
ข	◌ิ	บ	ย	แ	ว	ฉ	ด	ะ	ว	ผ	ถ	ก	ย	◌์
ง	น	ร	ฟ	อ	ส	ซ	◌ิ	ล	ร	ร	ธ	ซ	ว	ไ
ม	ฝ	า	ฝ	ษ	ไ	จ	ล	น	า	ณ	ด	ว	ช	ง
ต	ช	ณ	า	ย	จ	◌ั	ว	◌ิ	ก	◌ั	น	ภ	า	ท
ร	ล	ศ	ค	ว	า	ม	ล	◌ึ	ก	ล	◌ั	บ	ญ	ข

การวิเคราะห์
ปี
สมัยโบราณ
นักวิจัย
อารยธรรม
ลูกหลาน
ผู้เชี่ยวชาญ
ยุค
ทีม
การประเมิน

ฟอสซิล
ไม่ทราบ
ความลึกลับ
วัตถุ
กระดูก
ลืม
ศาสตราจารย์
ของที่ระลึก
วัด

18 - Restaurant #1

น	ว	ห	ภ	ย	แ	ฉ	ว	ซ	ด	ฟ	พ	ซ	ะ	ฟ
เ	ป	ค	เ	ผ	◌็	ด	ง	◌ั	ป	ม	น	ข	ช	ห
ะ	จ	ร	ส	ะ	น	า	อ	ะ	ข	ไ	◌ั	พ	ก	ย
เ	ร	◌ั	า	จ	ล	ส	จ	ย	ฉ	ว	ก	ฉ	พ	ฉ
น	เ	ว	ณ	ห	อ	แ	ร	ง	ย	ต	ง	ภ	ถ	แ
ว	น	ป	ฟ	ข	า	เ	า	ก	ด	ช	า	ม	ถ	ค
เ	ว	พ	ส	บ	ง	อ	ก	า	ต	◌ู	น	ม	เ	ช
อ	ภ	น	ฝ	ร	ค	◌้	ป	ป	ง	ไ	เ	ล	ณ	เ
ด	อ	ม	จ	ณ	ซ	◌ี	ล	ด	จ	ผ	ส	ะ	ฉ	ช
ถ	ณ	า	◌ี	า	ศ	น	ไ	ช	ง	ด	◌ิ	ซ	ฟ	◌ี
ม	พ	ช	ฟ	ด	น	เ	ก	◌็	ถ	ส	ร	อ	ข	ย
ย	ณ	ะ	า	ฟ	ฝ	ซ	◌่	เ	ต	ค	◌์	ส	น	ร
ธ	ภ	ธ	ไ	ษ	ค	บ	ก	า	แ	ฟ	ฟ	ภ	ม	◌์
ธ	แ	ภ	ษ	ห	ฝ	ช	พ	◌้	แ	ม	◌ิ	◌ู	ภ	ต
เ	ม	ภ	า	ร	ว	ม	ส	ผ	น	ว	◌่	ส	ล	ธ

ภูมิแพ้
จาน
ชาม
กาแฟ
แคชเชียร์
มีด
ครัว
ขนม
เผ็ด
ส่วนผสม
เมนู
อาหาร
ขนมปัง
ไก่
การจอง
ซอส
พนักงานเสิร์ฟ
ผ้าเช็ดปาก
เนื้อ

19 - Mammifères

ฟ	ญ	ห	ส	ก	ะ	จ	ข	แ	ช	ะ	ม	ต	ซ	ส
น	ป	ม	ิ	ะ	ร	ฝ	ข	ก	ฝ	ฟ	ต	ฉ	ป	พ
จ	อ	า	ง	ิ	ล	ะ	ไ	ะ	ค	ม	ไ	บ	ซ	ก
ป	ิ	ไ	โ	น	ไ	ก	ต	ผ	น	ะ	ท	ย	ฉ	อ
พ	ป	ง	ต	ข	ภ	ส	ะ	่	ศ	ณ	ธ	ฟ	เ	ร
ล	ท	ศ	โ	ณ	ค	ถ	ญ	ฟ	า	ว	ฉ	ท	ห	ิ
จ	ช	า	ศ	จ	ง	ท	ป	ม	ม	ย	จ	ห	ษ	ล
ไ	เ	ข	ซ	า	้	ม	ก	แ	ล	ช	ว	ม	แ	ล
โ	ค	โ	ย	ต	ี	้	โ	ค	โ	้	ฟ	ี	ผ	า
เ	ส	ื	อ	า	ล	อ	ด	ญ	า	า	็	ษ	ห	ท
ณ	ส	ช	ท	ร	ล	ถ	บ	ไ	ล	ง	อ	ไ	ม	ป
ณ	ย	อ	า	ซ	น	า	อ	เ	ป	ไ	ก	ณ	า	จ
ย	ี	ร	า	ฟ	ล	ป	้	ญ	ป	ณ	ซ	จ	ป	ฉ
ไ	ไ	ษ	ร	น	ล	อ	ญ	ม	ล	ธ	์	แ	่	ว
ฝ	ฉ	น	จ	ย	ภ	พ	ช	ท	ม	ธ	ท	จ	า	ฟ

วาฬ
แมว
ม้า
หมา
โคโยตี้
ปลาโลมา
ช้าง
ยีราฟ
กอริลลา
จิงโจ้
กระต่าย
สิงโต
หมาป่า
แกะ
หมี
ฟ็อกซ์
ลิง
โค
เสือ
ม้าลาย

20 - Chocolat

ข	ส	ช	ส	ช	ส	ฝ	ถ	◌่	◌ี	ร	อ	ล	ค	แ
แ	◌ู	ผ	า	ม	ะ	◌่	ช	◌ั	ฝ	ไ	ร	ร	ภ	ฟ
ป	ต	า	ท	ฟ	ฉ	ถ	ว	ธ	◌่	ต	◌่	ส	ไ	เ
ล	ร	ล	◌ู	ก	อ	ม	ญ	น	พ	ว	อ	ช	ร	ส
ก	อ	า	ว	ห	ว	า	น	ไ	ผ	น	ย	า	ฟ	บ
ไ	า	ต	ค	บ	ษ	ณ	ซ	า	บ	ส	ซ	ต	ษ	ฉ
ห	ห	◌ำ	ย	ข	ค	◌ุ	ณ	ภ	า	พ	ม	◌ิ	ศ	ณ
ม	า	◌้	ว	ะ	ฟ	อ	ถ	ค	ย	ญ	ย	ว	ส	ะ
◌่	ร	น	ด	ย	ถ	ผ	ง	ป	า	ช	ค	ห	น	ร
ผ	ช	◌่	า	ง	ฝ	◌ี	ม	◌ื	อ	ร	ย	แ	ผ	ถ
◌้	ท	◌ี	◌่	ช	◌ื	◌่	น	ช	อ	บ	า	ธ	ผ	ไ
ก	ม	ะ	พ	ร	◌้	า	ว	แ	ผ	ข	ล	เ	ฉ	ท
โ	า	ศ	ไ	ผ	เ	บ	ง	ฟ	ข	ม	ซ	า	ม	ค
ก	ล	◌ิ	◌่	น	ห	อ	ม	ไ	ด	ป	ม	ณ	บ	ล
โ	ภ	ซ	อ	ซ	ญ	ด	ม	ะ	ถ	ญ	ล	ส	ะ	ม

ขม
กลิ่นหอม
ช่างฝีมือ
ลูกอม
ถั่ว
โกโก้
แคลอรี่
คาราเมล
อร่อย
หวาน
แปลกใหม่
ที่ชื่นชอบ
รส
ส่วนผสม
มะพร้าว
ผง
คุณภาพ
สูตรอาหาร
รสชาติ
น้ำตาล

21 - Mathématiques

ข	ม	ผ	ฝ	ธ	ฟ	ส	ส	ต	ผ	ข	เ	ธ	ก	ส
ห	พ	ป	ภ	ภ	ณ	บ	ม	ว	ร	อ	ล	ฝ	ฉ	ล
ณ	ญ	ธ	ว	ป	ญ	ร	แ	ก	ไ	บ	ข	ป	ม	ข
เ	ร	ข	า	ค	ณ	◌ิ	ต	ช	า	จ	ค	ะ	ย	ฝ
ณ	า	ถ	ศ	ร	ไ	ม	◌ี	ศ	◌ั	ร	ณ	ส	◌่	อ
พ	ฝ	ผ	ง	ห	ถ	ต	ซ	ต	ร	ม	◌ิ	แ	◌ี	ข
ป	ค	ะ	อ	อ	แ	ผ	น	ก	◌ั	ส	ต	พ	ล	ถ
ต	◌ั	ว	แ	ท	น	ล	ห	ย	แ	◌้	ไ	ณ	ห	แ
ย	ศ	ส	ม	ม	า	ต	ร	ม	ฝ	ด	ง	พ	เ	ป
เ	ศ	ษ	ส	◌่	ว	น	ข	า	า	อ	ฉ	ฉ	ม	ย
า	ม	ย	◌ิ	น	ศ	ท	น	พ	ฟ	ย	ง	ฝ	า	ภ
ไ	◌ุ	ฟ	ร	ต	ฝ	ไ	า	พ	ข	ย	เ	ฟ	ส	ก
ณ	ม	ส	ป	ฉ	ซ	ฟ	น	ล	ถ	อ	ง	ล	แ	ไ
เ	ส	◌้	น	ร	อ	บ	ว	ง	ศ	ณ	ช	ง	ข	น
ร	ะ	ด	◌ั	บ	เ	ส	◌ี	ย	ง	ไ	ว	ด	พ	ท

มุม
เลขคณิต
เส้นรอบวง
องศา
ทศนิยม
แผนก
ตัวแทน
สมการ
เศษส่วน
เรขาคณิต
หมายเลข
ขนาน
ตั้งฉาก
ขอบ
รัศมี
รวม
สมมาตร
สามเหลี่ยม
ระดับเสียง

22 - Mythologie

อ	ค	ม	ต	ถ	ป	ด	ต	ต	◌ั้	น	แ	บ	บ	ว
ข	ว	ณ	◌ิ	น	◌ั	ก	ร	บ	อ	จ	ถ	ม	ส	◌ั
ก	า	ไ	บ	ข	ช	จ	ม	ไ	จ	ฝ	ม	น	ษ	ฒ
ก	ม	ส	◌ั	ต	ว	◌์	ป	ร	ะ	ห	ล	า	ด	น
บ	ห	อ	พ	ว	ฟ	ม	พ	พ	ร	ไ	ม	น	ท	ธ
ก	◌ึ	ม	◌ิ	◌ิ	ญ	◌้	ฟ	ช	ะ	ก	ค	◌ำ	น	ร
า	ง	ต	ย	ช	ป	ย	า	ค	ด	ถ	◌ิ	ต	เ	ร
ร	ห	ภ	◌ั	◌ี	ป	ค	ท	ผ	ป	า	ม	ต	ผ	ม
ส	ว	า	ภ	ม	า	อ	ย	ฉ	◌่	ด	ซ	ก	ฤ	ฝ
ร	ง	พ	ถ	◌ี	ฮ	◌ี	โ	ร	◌่	า	ท	ง	ถ	พ
◌้	ะ	ฉ	ม	ง	อ	ร	◌้	า	◌้	ฟ	ซ	ว	ถ	ด
า	า	ภ	อ	◌่	◌ื	ช	เ	ม	า	ว	ค	า	ซ	ศ
ง	ร	แ	ซ	◌ิ	ด	ต	ผ	ย	อ	ษ	ฉ	ข	ย	ฉ
า	ณ	ล	ไ	ส	ค	ฟ	แ	ฝ	แ	ณ	ป	เ	ไ	ช
บ	ว	◌ิ	เ	ศ	ษ	ผ	จ	อ	ฟ	ร	ส	ธ	ถ	ส

ต้นแบบ
ภัยพิบัติ
พฤติกรรม
การสร้าง
สิ่งมีชีวิต
ความเชื่อ
วัฒนธรรม
ฟ้าผ่า
แรง
นักรบ

ฮีโร่
อมตภาพ
ความหึงหวง
เขาวงกต
ตำนาน
วิเศษ
สัตว์ประหลาด
ยแร
ฟ้าร้อง

23 - Restaurant #2

เ	ค	ไ	ซ	ผ	บ	ก	ถ	ส	ส	ค	เ	อ	ก	ข
ญ	ค	ต	◌ุ	◌ั	ศ	ศ	ป	ล	ศ	อ	ก	า	◌๋	ป
ห	ส	ร	ป	ก	ท	บ	ซ	ก	ฟ	า	ล	ห	ว	ม
ท	ธ	ว	◌ี	ช	เ	ย	ง	น	ส	ห	◌ี	า	ย	ษ
ส	ณ	ส	ถ	◌่	ง	ง	ผ	เ	ล	า	อ	ร	เ	ม
เ	ฉ	ว	ม	ย	อ	◌่	ร	อ	◌ั	ร	น	ก	ต	พ
ป	ล	า	ไ	ท	◌่	ง	พ	อ	ด	เ	ป	ล	◌ี	ไ
เ	ศ	ต	ะ	ก	◌ี	ข	ด	อ	ษ	ย	น	า	◌๋	จ
ร	ก	ภ	ฉ	ณ	ร	◌็	เ	◌ี	ป	◌็	ณ	ง	ย	ท
ผ	ฟ	◌้	เ	ส	ค	แ	ช	บ	◌่	น	ศ	ว	ว	ข
อ	ว	บ	า	บ	เ	◌ำ	◌้	ฟ	ะ	ม	ค	◌ั	ร	ง
ซ	จ	ร	ต	อ	อ	◌้	อ	ร	ก	อ	ป	น	ท	ซ
ไ	น	◌ิ	ท	ศ	◌ี	น	น	ป	ก	◌้	ม	ไ	ล	ผ
ข	◌้	ก	ถ	ธ	ถ	◌้	ไ	ค	ผ	ส	ค	ศ	บ	ไ
◌่	◌ำ	ร	ค	ผ	แ	ก	ญ	ต	ข	ภ	ห	เ	ข	ญ

เครื่องดื่ม
เก้าอี้
ช้อน
อาหารกลางวัน
อร่อย
อาหารเย็น
น้ำ
เครื่องเทศ
ส้อม
ผลไม้
เค้ก
น้ำแข็ง
ผัก
ก๋วยเตี๋ยว
ไข่
ปลา
สลัด
เกลือ
บริกร
ซุป

24 - Beauté

ต	ม	ส	ก	ล	ิ	่	น	ห	อ	ม	ศ	ผ	ถ	ก
ศ	า	ค	ง	ฟ	ซ	ศ	พ	ฟ	ล	ก	ล	ิ	่	ร
จ	ส	ห	์	่	น	ส	เ	ษ	ท	า	ส	ว	า	ก
พ	ค	ค	ไ	ห	า	า	ว	ง	ฉ	ซ	ไ	ว	ย	ไ
ก	า	ศ	ว	บ	เ	ก	ร	ซ	ร	ก	ไ	ร	ร	ก
ว	ร	ข	ญ	า	น	พ	บ	ไ	า	ส	ี	ง	ู	ส
ย	่	ป	ผ	น	ม	ส	ณ	ฉ	ก	ช	ล	ร	ป	ไ
ล	า	จ	ถ	้	ั	ง	แ	ษ	ิ	แ	ฉ	ท	บ	ต
ฉ	ิ	ณ	ณ	ห	ำ	ก	ด	ไ	ร	ป	ห	อ	ย	ล
พ	ถ	ป	ข	ง	้	ช	ะ	ง	บ	ย	ี	ร	เ	ิ
ไ	ภ	ช	ส	่	น	ร	ล	ซ	า	ฟ	ถ	ฝ	ร	ส
ไ	ะ	ส	น	ต	แ	ช	ม	พ	ู	ม	ญ	ภ	ภ	ต
ภ	ร	ง	ะ	แ	ิ	ห	ย	ิ	ก	ฟ	ญ	ง	จ	์
ก	ษ	แ	ฝ	ซ	ซ	ก	จ	ะ	ร	ก	ไ	ซ	ซ	จ
เ	ค	ร	ี	่	อ	ง	ส	ำ	อ	า	ง	ส	ณ	จ

หยิก
เสน่ห์
กรรไกร
เครื่องสำอาง
สี
ความงดงาม
สง่า
เกรซ
น้ำมัน
เรียบ
แต่งหน้า
มาสคาร่า
กระจก
กลิ่นหอม
ผิว
ถ่ายรูป
ลิปสติก
บริการ
แชมพู
สไตลิสต์

25 - Avions

ผ	◌ู	◌้	โ	ด	ย	ส	า	ร	ล	ม	า	ท	เ	เ
ป	ร	ะ	ว	◌ั	ต	◌ิ	ศ	า	ส	ต	ร	◌์	ค	ช
อ	ก	า	ร	ผ	จ	ญ	ภ	◌ั	ย	พ	อ	ง	ร	◌ื
ษ	ง	า	ท	ศ	◌ิ	ท	◌้	อ	ง	ฟ	◌้	า	◌ื	◌้
จ	ง	ป	◌่	โ	ก	◌ู	ล	ว	ส	ก	อ	น	◌่	อ
ศ	า	ก	า	ย	ร	ร	บ	ฝ	◌ู	า	า	◌ั	อ	เ
ซ	น	จ	เ	ร	ด	โ	ฮ	ไ	ม	ร	ก	ก	ง	พ
ล	ง	ช	ร	ต	แ	ก	ส	ข	า	ก	า	บ	ย	ล
อ	◌ู	ษ	◌ี	ไ	แ	ง	ล	น	ว	◌่	ศ	◌ิ	น	◌ิ
ต	ส	ก	อ	บ	อ	ซ	ม	ว	ค	อ	ล	น	ต	ง
บ	ม	ะ	เ	ค	ส	ม	ท	ย	บ	ส	แ	ฝ	◌์	ว
ล	า	ด	ท	ร	ซ	ะ	ค	า	◌ั	ร	ไ	ษ	า	ฟ
ช	ว	ไ	อ	ฉ	◌ี	ก	ะ	ช	ด	◌้	บ	ก	ข	ห
ธ	ค	ณ	ว	จ	า	อ	ภ	ญ	ะ	า	ก	ญ	ซ	ท
ก	า	ร	ต	ก	ท	อ	ด	ร	ร	ง	บ	ว	ญ	ร

อากาศ
ระดับความสูง
บรรยากาศ
ท่าเรือ
การผจญภัย
ลูกโป่ง
เชื้อเพลิง
ท้องฟ้า
การก่อสร้าง
การตกทอด
ทิศทาง
ลูกเรือ
พอง
ความสูง
ประวัติศาสตร์
ไฮโดรเจน
เครื่องยนต์
ผู้โดยสาร
นักบิน

26 - Aventure

ค	อ	◌ั	น	ต	ร	า	ย	อ	จ	ก	ศ	ล	ล	ญ
ธ	ว	ก	า	ร	เ	ด	◌ิ	น	ท	า	ง	ะ	น	ซ
ร	ศ	า	า	ฟ	จ	ษ	เ	แ	ฉ	ช	อ	ฉ	◌ำ	ว
ร	ต	ษ	ม	ภ	ไ	ฟ	บ	ช	ส	ซ	ต	ต	ร	ไ
ม	ก	ก	ร	ก	ก	ค	ต	ะ	น	ภ	ไ	◌ิ	◌่	า
ช	เ	ศ	ร	า	ล	ธ	ว	ธ	า	ส	า	ก	อ	โ
า	ส	◌ึ	ก	ย	ป	◌้	ศ	า	ป	ผ	แ	ป	ง	ษ
ต	ฟ	น	จ	ม	แ	แ	า	บ	ม	ผ	ง	ด	า	ภ
◌ิ	ฉ	ศ	◌ิ	า	า	ญ	ง	ห	ไ	ง	ะ	◌ิ	ท	เ
น	ถ	◌ั	ก	ว	◌่	ญ	แ	ส	า	ห	า	ผ	ย	ญ
ซ	ห	ท	ส	ค	น	ว	ค	ด	ช	ญ	ม	ม	า	ด
ก	า	ร	ต	ร	ะ	เ	ต	ร	◌ี	ย	ม	◌่	ล	ช
ค	ว	า	ม	ท	◌้	า	ท	า	ย	อ	ภ	จ	ป	ก
ค	ว	า	ม	ป	ล	อ	ด	ภ	◌ั	ย	ส	แ	ย	ร
พ	ค	ผ	ป	ฟ	ะ	ญ	ศ	ต	เ	พ	◌ี	◌่	อ	น

กิจกรรม
เพื่อน
ความงาม
ความกล้าหาญ
โอกาส
อันตราย
ปลายทาง
ความท้าทาย
ความยาก
ทัศนศึกษา
ผิดปกติ
จอย
ธรรมชาติ
นำร่อง
ใหม่
การตระเตรียม
ความปลอดภัย
น่าแปลกใจ
การเดินทาง

27 - Ville

ร	ม	ร	แ	ง	ร	โ	ส	ส	ม	แ	ด	า	ล	ต
ค	◌้	ห	ป	ฉ	ผ	ฝ	ญ	น	ธ	ก	อ	ฟ	บ	พ
ะ	ไ	า	า	ว	◌่	ฟ	เ	า	ค	ล	ก	◌ี	ภ	◌ิ
ล	า	ต	น	ว	ท	ถ	ง	ม	ฟ	เ	ไ	ก	ฉ	พ
ง	ย	น	ษ	ห	◌ิ	ก	อ	บ	ข	ล	ม	ม	ะ	◌ิ
ร	ย	ง	ห	ง	น	ท	ก	◌ิ	เ	อ	◌้	า	ฟ	ธ
โ	า	ท	ม	ว	ซ	◌ั	ย	น	ณ	ร	ด	น	น	ภ
ธ	ข	ช	ธ	อ	เ	ผ	ง	า	ห	◌ี	◌ี	ส	ย	◌ั
ก	น	◌ิ	◌ิ	ล	ค	ห	ษ	ส	ล	◌่	ร	ต	◌ี	ณ
ฉ	า	า	ม	เ	ต	ญ	ก	เ	◌ี	◌ั	ะ	ม	ร	ฑ
ไ	◌้	แ	ค	ถ	ศ	ผ	บ	แ	ฉ	อ	ย	ะ	เ	◌์
ณ	ร	ม	ต	า	เ	บ	เ	ก	อ	ร	◌ี	◌่	ง	ค
ง	ว	บ	ง	◌์	ร	ต	น	ย	พ	า	ภ	ง	ร	โ
ห	◌้	อ	ง	ส	ม	◌ุ	ด	ท	พ	ย	ะ	ร	โ	ถ
ร	◌้	า	น	อ	า	ห	า	ร	ท	อ	น	ฉ	ธ	ย

สนามบิน
ธนาคาร
ห้องสมุด
เบเกอรี่
คาเฟ่
โรงภาพยนตร์
คลินิก
โรงเรียน
ดอกไม้ดี
แกลเลอรี่
โรงแรม
ร้านหนังสือ
ตลาด
พิพิธภัณฑ์
ร้านขายยา
ร้านอาหาร
สนามกีฬา
โรงละคร
มหาวิทยาลัย

28 - Ingénierie

ช	ล	ซ	เ	ี	ด	น	ผ	จ	ธ	เ	ม	ก	โ	เ
ต	ส	ก	ค	ส	ก	น	ง	ไ	ซ	ก	ท	า	ค	ค
ธ	า	ย	ร	ฉ	ภ	า	า	จ	บ	ี	บ	ร	ร	ร
ม	ุ	ม	ื	ท	อ	ง	ร	ร	น	ย	ฉ	ค	ง	ื
ก	ฉ	ณ	่	ณ	ค	ง	ั	ก	ห	ร	ภ	ำ	ส	่
ค	ข	ย	อ	ง	ล	ั	ส	ร	ร	์	ย	น	ร	อ
ว	ษ	ไ	ง	จ	ย	ล	อ	ภ	า	ะ	น	ว	้	ง
า	ค	ร	ย	แ	ค	พ	่	ณ	ค	ไ	จ	ณ	า	จ
ม	ว	แ	น	ก	แ	ล	ก	ย	ณ	ศ	ณ	า	ง	ั
ม	า	ร	ต	พ	บ	ม	ร	ร	ไ	ไ	ร	ฝ	ย	ก
ั	ม	ง	์	แ	ร	ง	า	ก	า	ร	ว	ั	ด	ร
่	ล	ข	ย	ย	ญ	ล	ก	ข	อ	ง	เ	ห	ล	ว
น	ึ	ั	ก	า	ร	ห	ม	ุ	น	ม	ซ	ฟ	ก	า
ค	ก	บ	แ	ผ	น	ภ	า	พ	ป	ผ	ช	บ	ฟ	ก
ง	ฟ	ฉ	ษ	ก	ะ	ค	ั	น	โ	ย	ก	น	ถ	จ

มุม
แกน
การคำนวณ
การก่อสร้าง
แผนภาพ
ดีเซล
การกระจาย
เกียร์
พลังงาน
แรง
คันโยก
ของเหลว
เครื่องจักร
การวัด
เครื่องยนต์
ความลึก
แรงขับ
การหมุน
ความมั่นคง
โครงสร้าง

29 - Énergie

บ	ก	แ	บ	ต	เ	ต	อ	ร	◌ี	◌่	ฉ	น	ม	ษ
ค	เ	◌ั	ข	ไ	ไ	ส	ค	ล	า	ะ	เ	จ	ล	ง
ว	ค	ด	ง	ล	◌ิ	พ	เ	อ	◌้	◌ื	ช	เ	พ	อ
า	ร	น	◌ี	ห	ด	ย	ล	ม	ฟ	ว	ค	ร	◌ิ	◌ุ
ม	◌ื	ณ	ศ	เ	◌ั	ง	เ	เ	ฟ	จ	า	ด	ษ	ต
ร	◌่	ะ	ถ	ล	ซ	น	ฝ	เ	ไ	ป	ร	โ	ฟ	ส
◌้	อ	เ	ศ	ร	ฉ	ล	อ	ห	ห	ย	◌์	ฮ	ค	า
อ	ง	า	ป	ห	า	ห	ษ	ต	า	ถ	บ	ไ	ภ	ห
น	ย	ส	ถ	ฝ	เ	ณ	ภ	า	ฟ	ญ	อ	ป	ด	ก
ม	น	ท	แ	ด	ท	◌ี	ป	ร	ท	โ	น	อ	เ	ร
ง	ต	ป	ข	อ	◌ิ	เ	ล	◌็	ก	ต	ร	อ	น	ร
ร	◌์	ย	ล	◌ี	ค	เ	ว	◌ิ	น	ภ	ฝ	ฝ	ค	ม
ศ	ค	ฝ	ฝ	ด	ว	ง	อ	า	ท	◌ิ	ต	ย	◌์	บ
ส	◌ิ	◌่	ง	แ	ว	ด	ล	◌้	อ	ม	ก	อ	พ	ซ
น	◌้	◌ำ	ม	◌ั	น	เ	บ	น	ซ	◌ิ	น	เ	ห	า

แบตเตอรี่
คาร์บอน
เชื้อเพลิง
ความร้อน
ดีเซล
เอนโทรปี
สิ่งแวดล้อม
น้ำมันเบนซิน
ไฟฟ้า
อิเล็กตรอน
ไฮโดรเจน
อุตสาหกรรม
เครื่องยนต์
นิวเคลียร์
โฟตอน
มลพิษ
ทดแทน
ดวงอาทิตย์
กังหัน
ลม

30 - Corps Humain

ไ	ห	ล	◌่	ผ	ศ	ก	ท	ง	ณ	ค	ท	ะ	ค	ษ
ะ	ฝ	ณ	แ	ซ	ะ	อ	ต	บ	ษ	ค	ง	ถ	พ	อ
ร	ก	ไ	ร	ร	ก	า	ข	ใ	จ	น	ว	จ	ล	ป
ศ	อ	ค	ย	ฉ	ไ	◌้	ฉ	ศ	ษ	ก	ร	ง	ถ	เ
บ	ศ	ต	ณ	ณ	ห	น	ข	ส	ห	◌ั	ว	ใ	จ	เ
ธ	อ	จ	ใ	เ	ต	ห	ฟ	ไ	ล	ม	ป	า	ม	ล
ย	◌้	ห	◌ู	ณ	ฝ	ซ	ศ	ญ	ห	ด	ผ	ผ	ห	ภ
เ	ข	◌่	า	เ	อ	ณ	ญ	ย	แ	ฝ	ธ	ค	ถ	ป
ข	ง	อ	ร	ด	ล	ต	ม	ข	ล	ญ	ฉ	ณ	า	ส
◌้	ช	แ	ว	ภ	ผ	◌ี	ง	ห	◌ั	ว	ถ	ย	ว	ง
อ	ข	า	อ	ย	ถ	ร	อ	◌ื	ม	ไ	ป	ห	ะ	อ
เ	ธ	ไ	น	ว	เ	ต	ม	ด	ถ	ซ	ใ	า	ห	◌้
ท	ช	ต	ฝ	ฟ	ฟ	ก	ส	ค	จ	ม	◌ู	ก	ก	ท
◌้	โ	อ	ษ	ฐ	◌์	ข	ช	ศ	ธ	ต	ษ	ล	ร	ภ
า	ญ	ธ	ส	แ	อ	เ	ถ	ผ	◌ิ	ว	◌้	◌ิ	น	ถ

ปาก
สมอง
ข้อเท้า
คอ
ข้อศอก
หัวใจ
นิ้ว
ท้อง
ไหล่
เข่า

โอษฐ์
มือ
ขากรรไกร
คาง
จมูก
หู
ผิว
เลือด
หัว
หน้า

31 - Biologie

ง	ส	โ	ด	ว	เ	อ	น	ไ	ซ	ม	◌์	อ	น	เ
ก	า	ป	ถ	◌ิ	ฮ	ก	ว	ฟ	ช	ะ	น	า	บ	ป
จ	ย	ร	า	ว	อ	โ	ร	◌ิ	บ	ม	◌็	อ	เ	◌็
น	พ	ต	ม	◌ั	ร	น	จ	เ	า	ล	ล	อ	ค	น
◌ิ	◌ั	◌ี	ส	ฒ	◌์	ไ	ไ	ช	ถ	ต	ห	ส	ไ	ธ
ว	น	น	ซ	น	โ	ก	ย	า	ศ	ถ	ม	ว	ซ	ร
เ	ธ	ก	◌ิ	า	ม	บ	า	ค	ห	ส	ฝ	ผ	แ	ร
ค	◌ุ	ะ	อ	ก	น	ล	ห	ร	ข	า	ษ	ไ	น	ม
ล	◌์	ญ	โ	า	โ	ค	ร	โ	ม	โ	ซ	ม	ป	ช
◌ี	ด	ฉ	บ	ร	ซ	ห	า	อ	แ	ไ	ะ	ง	ส	า
ย	ส	ช	ไ	พ	ก	ภ	ก	◌้	ซ	ง	อ	ก	◌์	ต
ส	◌ิ	ซ	ม	โ	ส	อ	อ	◌ี	เ	ซ	ล	ล	◌์	◌ิ
ภ	ธ	ณ	◌ิ	ธ	ฟ	ม	ช	ช	ฟ	ณ	จ	ซ	ฉ	ถ
ถ	ม	ผ	ซ	ว	ย	ร	◌ี	เ	◌ี	ท	ค	บ	แ	า
ก	า	ร	ก	ล	า	ย	พ	◌ั	น	ธ	◌ุ	◌์	ย	ะ

แบคทีเรีย
เซลล์
โครโมโซม
คอลลาเจน
เอ็มบริโอ
เอนไซม์
สายพันธุ์
วิวัฒนาการ
ฮอร์โมน
การกลายพันธุ์
เป็นธรรมชาติ
นิวเคลียส
ออสโมซิส
เชื้อโรค
โปรตีน
การหายใจ
ซิมไบโอซิส
ไซแนปส์

32 - Épices

ห	ต	ถ	ผ	เ	ผ	ง	ย	◌ี	◌่	ห	ร	◌่	า	ก
ต	ม	ธ	◌ั	ก	ก	◌ั	◌๊	ย	◌๊	ป	โ	ธ	ย	ร
ห	า	ป	ก	ล	แ	ร	ส	ข	ณ	น	ภ	ฟ	ส	ะ
ก	ญ	ธ	ช	◌ี	ก	ส	ว	ย	◌้	◌ี	ร	ป	เ	ว
ร	ห	◌้	◌ี	อ	ง	ช	ด	ท	ป	ต	ะ	ฝ	ร	า
ะ	◌ั	ป	า	ป	จ	า	ะ	ไ	ะ	ป	ช	ศ	น	น
เ	ว	ว	ก	ฝ	อ	ต	ข	ก	ม	◌็	เ	ท	◌ั	น
ท	ห	ะ	◌้	า	ร	◌ิ	ซ	◌ิ	ห	ง	ง	เ	ง	ค
◌ี	อ	จ	◌ิ	ณ	อ	◌ั	จ	ร	ง	ข	พ	ม	ศ	ธ
ย	ม	ศ	ร	ว	ด	ล	◌่	พ	ห	ง	ม	อ	ง	ม
ม	ว	า	ป	ณ	ณ	ง	ฟ	น	แ	อ	ป	เ	ก	ย
ว	อ	ไ	า	ล	◌ิ	น	ว	ข	ฟ	ส	ห	ะ	า	บ
ศ	บ	ค	ป	ว	พ	ะ	ศ	พ	ป	ญ	ไ	ช	ค	ย
เ	ม	◌็	ด	ย	◌ี	◌่	ห	ร	◌่	า	ป	ษ	ผ	า
อ	บ	เ	ช	ย	า	ธ	อ	ณ	ถ	ป	จ	ร	ญ	ภ

เปรี้ยว
กระเทียม
ขม
โป๊ยกั๊ก
อบเชย
กระวาน
ผักชี
ผงยี่หร่า
แกง
เม็ดยี่หร่า
ขิง
นัทเม็ก
หัวหอม
ปาปริก้า
พริกไทย
ชะเอมเทศ
หญ้าฝรั่น
รสชาติ
เกลือ
วนิลา

33 - Agronomie

ผ	◌ั	ก	ก	า	ร	ผ	ล	◌ิ	ต	ว	◌ิ	จ	◌ั	ย
ร	ไ	ศ	า	เ	◌์	ช	ด	ร	ท	เ	ษ	ถ	ต	◌๋
ษ	◌่	ภ	ส	ร	ต	บ	ก	ค	ฝ	ก	ไ	ก	ป	◌ุ
จ	ล	อ	อ	◌ี	ส	ร	ร	บ	ป	ษ	ด	อ	ศ	ป
โ	ฉ	น	น	ย	า	ล	ร	ว	ส	ต	ซ	จ	ห	จ
ร	ข	ฝ	า	น	ศ	ง	ค	ย	ท	ร	ศ	ฝ	ล	ห
ค	แ	ต	ง	ต	า	อ	ส	ง	จ	ก	เ	ะ	ห	ฉ
ษ	ต	ง	ง	ไ	ย	ท	า	ศ	เ	ร	ไ	ฉ	า	ฉ
ย	ธ	พ	◌ั	ผ	ท	ง	เ	ท	ภ	ร	อ	ช	น	ศ
า	◌ั	ส	ล	ษ	◌ิ	พ	ล	ม	ไ	ม	ก	ย	น	ต
น	จ	◌่	พ	า	ว	ก	ค	ษ	ญ	ธ	ย	ป	ป	ธ
ช	◌้	แ	ง	น	◌ิ	เ	ว	ศ	ว	◌ิ	ท	ย	า	ช
น	ร	◌ำ	ช	ย	เ	ม	ล	◌็	ด	อ	า	ห	า	ร
บ	บ	ะ	ร	ข	◌ี	ต	ผ	ษ	ธ	ด	◌ิ	น	ช	ษ
ท	ป	ภ	จ	ส	ก	น	ญ	ร	ถ	า	ะ	ณ	แ	ไ

เกษตรกรรม
ยั่งยืน
น้ำ
ปุ๋ย
นิเวศวิทยา
พลังงาน
ร่อน
เรียน
เมล็ด
ผัก
โรค
อาหาร
มลพิษ
การผลิต
วิจัย
ชนบท
วิทยาศาสตร์
ดิน
ระบบ

34 - Science

ส	แ	แ	เ	น	ภ	ส	ม	ค	ท	ภ	ท	ฟ	ถ	แ
ณ	ข	ฉ	ญ	ป	เ	เ	ค	ม	◌ี	◌ู	ย	◌ิ	ว	ข
ย	ย	ป	น	ค	ษ	ห	ไ	ผ	พ	ม	ง	ส	◌ิ	◌ั
แ	ร	◌่	ธ	า	ต	◌ุ	ป	จ	ค	◌ิ	ข	◌ิ	ว	อ
ก	า	ร	ส	◌ั	ง	เ	ก	ต	ค	อ	◌้	ก	◌ั	ม
ล	ภ	ป	ว	ศ	ก	ท	ฝ	า	ถ	า	อ	ส	ฒ	◌ู
ค	ไ	ธ	ล	◌ิ	ซ	ส	อ	ฟ	ณ	ก	เ	◌์	น	ล
ท	ด	อ	ณ	ผ	ธ	ศ	ห	ไ	ณ	า	ท	ช	า	ส
ร	ข	พ	ญ	ล	ส	◌ี	ซ	น	ไ	ศ	◌็	ธ	ก	ม
แ	ร	ง	โ	น	◌้	ม	ถ	◌่	ว	ง	จ	ฟ	า	ม
ป	า	◌ิ	ต	า	ช	ม	ร	ร	ธ	ษ	จ	ะ	ร	ต
เ	ป	า	อ	ย	ค	ง	อ	ล	ด	ท	ร	า	ก	◌ิ
โ	ม	เ	ล	ก	◌ุ	ล	ถ	ต	ษ	จ	◌ิ	พ	แ	ฐ
จ	น	า	ท	ภ	ง	า	ต	ะ	ะ	ม	ง	◌ี	ไ	า
อ	ข	ณ	ะ	ฝ	ค	า	ภ	◌ุ	น	อ	ไ	ช	ก	น

อะตอม
เคมี
ภูมิอากาศ
ข้อมูล
การทดลอง
วิวัฒนาการ
ข้อเท็จจริง
ฟอสซิล
แรงโน้มถ่วง
สมมติฐาน
วิธี
แร่ธาตุ
โมเลกุล
ธรรมชาติ
การสังเกต
อนุภาค
ฟิสิกส์
พืช

35 - Vêtements

ษ	ฟ	เ	ร	ป	จ	ข	ษ	น	◌่	◌ั	ช	ฟ	แ	เ
ส	พ	ท	ส	บ	ป	ฝ	ห	ร	ข	ค	◌ุ	ช	ป	า
ห	ม	ว	ก	◌ี	ข	ย	ต	ซ	บ	ว	ด	◌ุ	ช	ง
ส	ศ	ช	า	ท	◌้	เ	ง	◌ุ	ถ	ช	น	ณ	ค	ศ
ซ	ร	ม	ล	◌ุ	ค	อ	◌้	◌ี	ส	เ	อ	เ	บ	ท
เ	จ	◌้	เ	ข	◌็	ม	ข	◌ั	ด	ญ	น	ถ	ม	ส
ซ	ษ	จ	อ	เ	ส	◌ื	◌้	อ	โ	ค	◌้	ท	ค	า
ฉ	า	ฟ	ผ	ย	ร	อ	ง	เ	ท	◌้	า	แ	ต	ะ
ย	◌ี	น	ส	◌์	ค	ม	ร	ก	พ	เ	ง	ภ	ร	ญ
น	จ	ไ	ช	ภ	ช	อ	ป	ว	เ	ย	ษ	ร	อ	ษ
ฝ	ม	ญ	ฟ	า	ด	ต	โ	ค	ง	ง	ว	ด	ง	อ
ณ	ข	ถ	ก	ซ	ร	บ	ะ	จ	จ	ม	า	ไ	เ	ญ
ถ	◌ุ	ง	ม	◌ื	อ	ธ	ร	ล	ษ	ท	ภ	ก	ท	บ
น	อ	ป	◌ื	◌้	เ	น	ก	◌ั	า	◌้	ผ	ค	◌้	า
ผ	◌้	า	พ	◌ั	น	ค	อ	ร	ข	ไ	ง	ฉ	า	ฉ

เข็มขัด
หมวก
ถุงเท้า
รองเท้า
เสื้อ
สร้อยคอ
ผ้าพันคอ
ถุงมือ
ยีนส์
กระโปรง
เสื้อโค้ท
แฟชั่น
กางเกง
เสื้อคลุม
ชุดนอน
ชุด
รองเท้าแตะ
ผ้ากันเปื้อน

36 - Arts Visuels

ส	ถ	า	ป	◌ั	ต	ย	ก	ร	ร	ม	ล	◌์	◌ิ	ฟ
ห	ต	ณ	ต	ฟ	เ	ข	แ	ข	ต	ร	◌ิ	เ	ค	ล
ก	น	ไ	ป	ศ	ม	ษ	น	◌ี	ล	ร	ซ	ค	◌์	ผ
จ	ธ	ฝ	ภ	แ	◌ุ	ศ	ว	◌้	ต	ก	น	ร	ป	ล
ล	ฉ	เ	า	น	ม	เ	ต	ผ	ญ	า	ต	◌ี	ร	ง
ห	ถ	ร	พ	ธ	ม	แ	◌ั	◌ึ	ธ	ม	เ	◌่	ะ	า
ช	ก	ข	ว	ว	อ	ร	◌้	◌้	ง	◌ิ	ส	อ	ก	น
พ	อ	ผ	า	ศ	ง	เ	ง	ง	ว	ต	ภ	ง	อ	ช
ช	ม	ล	ด	ซ	◌ิ	ษ	ค	ศ	ค	ะ	า	ด	บ	◌ิ
ซ	ม	ถ	◌์	ส	ณ	ล	ป	ล	ข	ร	พ	◌ิ	ไ	◌้
จ	ร	เ	า	ก	ก	า	ป	ข	ย	ป	ถ	น	ถ	น
เ	ซ	ร	า	ม	◌ิ	ก	ธ	◌ิ	ย	◌์	◌่	เ	◌่	เ
ส	ฟ	ณ	น	ษ	ง	ศ	ซ	ไ	น	ธ	า	ผ	า	อ
ะ	ด	ด	◌ิ	น	ส	อ	ต	ญ	ถ	น	ย	า	น	ก
ภ	ท	ญ	ร	ด	ฉ	ธ	ถ	จ	ห	ท	ท	ส	ท	ไ

สถาปัตยกรรม
เคลย์
ศิลปิน
เซรามิก
ถ่าน
ผลงานชิ้นเอก
ขี้ผึ้ง
ค์ประกอบ
ชอล์ก
ดินสอ
ฟิล์ม
ภาพวาด
มุมมอง
ภาพถ่าย
สเตนซิล
แนวตั้ง
เครื่องดินเผา
ประติมากรรม
ปากกา

37 - Méditation

ฝ	ฝ	ข	ว	ก	า	ร	ย	อ	ม	ร	ั	บ	ก	ฟ
ท	ว	ค	ศ	ณ	เ	ท	ณ	อ	ล	ค	ล	ซ	า	ช
ป	ห	ง	ว	ห	ย	ธ	แ	ส	ไ	ว	ช	ษ	ร	ฉ
น	ไ	์	ท	า	ข	พ	บ	ก	น	า	ม	ว	ส	เ
ไ	น	ณ	ย	ศ	ม	ส	ง	ค	ด	ม	ไ	ม	ั	ษ
ท	อ	ม	ณ	ต	ล	ช	ไ	ไ	ย	ส	จ	ว	ง	ก
ต	่	ร	ป	ป	ง	ช	ั	ห	ด	น	จ	ส	เ	า
ี	ี	า	ส	ง	บ	ง	ถ	ด	ม	ไ	ว	ั	ก	ร
่	ล	อ	ท	ผ	ะ	อ	เ	อ	เ	จ	ร	น	ต	ห
น	ค	ิ	ต	า	ช	ม	ร	ร	ธ	จ	น	ต	ษ	า
ย	เ	ภ	ย	ไ	ง	ม	แ	ะ	ธ	ด	น	ิ	ฟ	ย
ท	ร	ร	ช	ส	ญ	ุ	ถ	ห	ร	น	เ	ภ	ช	ไ
ค	า	ต	ต	ม	เ	ม	า	ว	ค	ต	ญ	า	พ	จ
ซ	ก	ฉ	ิ	น	ิ	ส	ั	ย	ไ	ร	ช	พ	ศ	ผ
ต	ฉ	ฉ	ต	จ	ฉ	ค	ภ	ซ	ณ	ี	ธ	ห	ร	ล

การยอมรับ
ความสนใจ
สงบ
ความชัดเจน
ใจ
อารมณ์
ตื่น
ความเมตตา
นิสัย
จิต
การเคลื่อนไหว
ดนตรี
ธรรมชาติ
การสังเกต
สันติภาพ
มุมมอง
ท่าทาง
การหายใจ

38 - Littérature

บ	พ	ง	ล	ไ	เ	ส	ภ	า	ล	ศ	ป	ค	ก	ค
บ	ท	ข	ไ	ย	ร	◌ั	ว	ญ	◌ั	ด	ร	ว	า	◌ำ
แ	ะ	ก	ะ	ย	◌ี	ม	◌ี	ธ	ก	ด	ะ	า	ร	อ
ป	ง	แ	ว	ธ	◌่	ผ	ม	ย	ษ	ภ	เ	ม	ว	◌ุ
◌ู	ญ	ภ	ห	◌ี	อ	◌ั	ธ	ช	ณ	ศ	ภ	เ	◌ิ	ป
ร	ญ	ผ	ง	ธ	ง	ส	า	◌ี	ะ	ก	ท	ห	เ	ม
ผ	ด	ม	◌ั	ภ	เ	อ	ซ	ว	ะ	อ	ค	◌็	ค	า
จ	◌ู	ย	จ	ฟ	ล	ว	ภ	ป	ก	◌็	ช	น	ร	ช
ค	พ	◌้	ม	ต	◌่	ไ	ย	ร	ภ	ล	ง	ส	า	ถ
ต	ท	ไ	บ	า	า	ก	น	ะ	บ	า	อ	ฉ	ะ	เ
อ	บ	ป	◌ุ	ร	ส	ท	บ	ว	ผ	น	ข	น	ห	น
ข	ฉ	ถ	ต	ก	ร	ส	ภ	◌ั	ย	ะ	น	ว	◌์	ส
ษ	ะ	ษ	ไ	ไ	ช	ย	ฝ	ต	ร	อ	ฟ	ฟ	ว	ง
ะ	ห	ษ	ไ	น	บ	ถ	า	◌ิ	ค	ญ	ฝ	ไ	ย	ง
ไ	แ	ถ	ย	า	ย	◌ิ	น	ย	ข	◌ี	เ	◌้	◌ู	ผ

อะนาล็อก
การวิเคราะห์
ผู้เขียน
ชีวประวัติ
บทสรุป
ลักษณะ
บทพูด
ประเภท
คำอุปมา
ผู้บรรยาย
เรื่องเล่า
ความเห็น
กลอน
บทกวี
สัมผัส
นิยาย
จังหวะ
รูปแบบ
ธีม

39 - Nourriture #1

ก	ค	ท	ธ	ษ	ซ	ม	ค	ค	ธ	โ	ก	ก	า	ป
า	ม	จ	ผ	ย	ล	ะ	ะ	แ	บ	ห	ฝ	ย	ะ	อ
แ	อ	ย	ฉ	จ	ภ	น	ม	ล	า	ร	ห	ห	ย	ม
ฟ	ก	ผ	อ	ง	ญ	า	จ	◌ู	ร	ะ	ด	◌ั	ล	ส
ฉ	ร	ม	◌ั	ข	ว	ว	พ	ก	◌์	พ	อ	ว	ต	ฉ
พ	ะ	น	ช	ก	ง	ด	ช	แ	เ	า	บ	ผ	ภ	ห
ฝ	เ	ไ	ภ	ม	โ	ล	ม	พ	ล	น	เ	◌ั	ซ	พ
ป	ท	อ	ร	ค	แ	ข	ล	ร	◌่	◌่	ช	ก	◌ุ	ม
ข	◌ี	เ	ญ	จ	ศ	ป	ม	◌์	ย	◌ู	ย	ก	ป	ฟ
ญ	ย	ค	ก	พ	บ	า	า	อ	◌์	ท	ย	า	พ	ป
ฉ	ม	◌้	ไ	ล	ผ	◌ำ	◌้	น	ห	ผ	จ	ด	ษ	ด
อ	น	ฟ	อ	◌้	◌ี	น	เ	ส	ก	ว	น	ซ	ผ	ม
ท	อ	ค	◌ิ	ร	ป	อ	แ	ไ	ห	เ	◌ั	ณ	ป	ต
น	◌้	◌ำ	ต	า	ล	ค	ว	ไ	ซ	แ	จ	ห	า	ไ
ง	ญ	ผ	ร	ซ	ธ	ญ	ส	ล	ภ	ศ	ด	ษ	บ	ท

แอปริคอท
กระเทียม
โหระพา
กาแฟ
อบเชย
แครอท
มะนาว
ผักโขม
น้ำผลไม้
นม
หัวผักกาด
หัวหอม
บาร์เล่ย์
ลูกแพร์
สลัด
เกลือ
ซุป
น้ำตาล
ทูน่า
เนื้อ

40 - Jours et Mois

ศ	ว	ธ	ย	ว	ส	◌ั	ป	ด	า	ห	◌์	บ	แ	ว
ล	◌ั	ว	◌์	◌ั	ง	น	ย	ไ	ผ	ก	ภ	ม	ณ	◌ั
ศ	น	◌ั	ต	น	ร	อ	ด	ห	แ	◌ั	ว	◌ิ	ส	น
ห	เ	น	ท	พ	พ	ษ	ม	ข	ต	น	◌ั	ถ	ว	อ
น	ส	ศ	◌ิ	ฤ	บ	◌ั	ค	ศ	ส	ย	น	◌ุ	◌ั	◌ั
ย	า	◌ุ	า	ห	ร	ไ	า	ภ	ส	า	พ	น	น	ง
า	ร	ก	อ	◌ั	ณ	อ	ล	ภ	า	ย	◌ุ	า	จ	ค
ก	◌์	ร	น	ส	ล	ไ	◌ุ	ษ	ม	น	ธ	ย	◌ั	า
◌ิ	ร	◌์	◌ั	บ	ส	ะ	ต	แ	ค	◌ุ	ว	น	น	ร
จ	า	ก	ว	ด	ศ	ฝ	ม	ค	า	ร	ก	ม	ท	เ
ศ	ย	ม	ฎ	◌ี	ใ	ป	ค	น	ห	ไ	ง	ะ	ร	ด
ฤ	ญ	น	ฟ	า	ป	น	า	ธ	ง	ธ	ผ	ฉ	◌์	◌ี
พ	แ	ท	ห	ล	ค	ะ	น	า	◌ิ	ด	จ	ง	ถ	อ
ป	ฏ	◌ิ	ท	◌ิ	น	ม	◌ี	ง	ส	ป	ก	ธ	ด	น
เ	ม	ษ	า	ย	น	ล	ม	ง	ฟ	พ	ไ	ฝ	ษ	ธ

สิงหาคม
เมษายน
ปฏิทิน
วันอาทิตย์
กุมภาพันธ์
มกราคม
วันพฤหัสบดี
กรกฎาคม
มิถุนายน
วันจันทร์
วันอังคาร
มีนาคม
วันพุธ
เดือน
พฤศจิกายน
ตุลาคม
วันเสาร์
สัปดาห์
กันยายน
วันศุกร์

41 - Entreprise

ค	◌่	า	ไ	ช	◌้	จ	◌่	า	ย	ฟ	ง	จ	ร	ก
ด	ท	ธ	◌ุ	ร	ก	ร	ร	ม	า	◌์	ไ	ย	ฝ	ง
ป	บ	ษ	ส	จ	ช	ษ	เ	ฟ	ข	ร	ไ	◌ำ	ก	บ
ณ	ฉ	ด	◌ั	ล	ส	ศ	ถ	ป	ง	ต	ค	ส	ป	ป
ก	ไ	เ	ง	◌ิ	น	ข	ฝ	ส	ษ	ส	ม	◌ิ	ช	ร
ต	า	ศ	ธ	ธ	ร	โ	ร	ง	ง	า	น	น	ศ	ะ
ว	ง	ร	ะ	ญ	ข	บ	ณ	ต	บ	ศ	า	ค	า	ม
ง	ท	น	ล	ร	า	ย	ไ	ด	◌้	ฐ	ง	◌้	ย	า
ซ	ส	น	◌ิ	ง	เ	ร	า	ก	ฝ	ษ	ก	า	ะ	ณ
ภ	า	ษ	◌ี	ท	ท	ง	ฉ	ฟ	ข	ร	◌ั	ด	อ	จ
ฟ	ไ	ซ	ผ	ห	ก	◌ุ	◌ิ	ฝ	ฟ	ศ	น	ช	อ	ห
ส	ง	ป	ผ	ว	จ	ซ	น	น	ะ	เ	พ	ศ	ฟ	ฉ
อ	ร	ก	ฉ	ข	ย	ว	ภ	ห	ต	แ	ป	ฉ	ฟ	ฟ
ร	◌้	า	น	ค	ธ	ร	น	ซ	ส	ร	บ	ห	◌ิ	ศ
น	า	ย	จ	◌้	า	ง	ภ	พ	◌ี	ช	า	อ	ศ	อ

เงิน
ร้าน
งบประมาณ
ออฟฟิศ
อาชีพ
ค่าใช้จ่าย
เงินตรา
นายจ้าง
พนักงาน
บริษัท
เศรษฐศาสตร์
การเงิน
ภาษี
การลงทุน
สินค้า
กำไร
รายได้
ธุรกรรม
โรงงาน
ขาย

42 - Activités

เ	ฝ	ฝ	ด	ภ	ะ	ง	อ	ษ	ษ	ศ	ป	เ	จ	ฟ
ไ	ซ	น	ช	ว	ะ	ป	ล	◌ิ	ศ	ห	ก	ว	เ	ช
ว	ม	ร	ร	ก	จ	◌ิ	ก	◌ั	ถ	ห	า	ล	ย	ช
น	ก	พ	า	เ	ญ	ค	า	ภ	แ	พ	ร	า	ธ	ะ
ข	เ	ส	ร	ม	ข	ก	ย	า	อ	เ	ถ	ว	พ	ต
ม	ะ	ล	ข	ธ	◌ิ	ว	า	พ	ญ	ะ	◌่	◌่	จ	ก
ข	ญ	ษ	ฟ	ซ	ง	ก	ม	ว	ษ	อ	า	า	ก	ป
ผ	ช	ฝ	ก	ค	ธ	ต	ภ	า	ภ	ษ	ย	ง	า	ล
ล	◌่	า	ส	◌ั	ต	ว	◌์	ด	ป	ซ	ภ	า	ร	า
ร	เ	ฝ	ส	ภ	ท	ก	ป	ต	◌ี	ถ	า	ร	เ	ไ
ก	า	ร	ท	◌ำ	ส	ว	น	ฟ	ษ	น	พ	ท	ย	ไ
ง	า	น	ฝ	◌ี	ม	◌ื	อ	ภ	เ	ช	◌ิ	ษ	◌็	ถ
ป	ร	◌ิ	ศ	น	า	ะ	ค	อ	ผ	ด	ง	ย	บ	ซ
เ	ส	บ	ษ	ฟ	ซ	ผ	◌่	อ	น	ค	ล	า	ย	ภ
ก	า	ร	อ	◌่	า	น	ผ	ช	เ	ต	ป	เ	จ	อ

กิจกรรม
ศิลปะ
งานฝีมือ
เซรามิก
ล่าสัตว์
ทักษะ
การเย็บ
การทำสวน
เกม
การอ่าน
เวลาว่าง
มายากล
ภาพวาด
ตกปลา
การถ่ายภาพ
ยินดี
ปริศนา
ผ่อนคลาย
ถัก

43 - Fleurs

น	ท	ง	◌ิ	ฟ	ผ	ผ	ห	ด	ง	ผ	ม	◌่	ว	ง
◌ั	◌ิ	ก	ภ	ล	า	เ	ว	น	เ	ด	อ	ร	◌์	ห
ว	ว	ถ	ธ	◌ี	ะ	ม	ค	ไ	แ	ว	ป	า	ก	ต
ะ	ล	จ	ฉ	◌่	า	ม	ไ	ถ	จ	ง	พ	ด	ไ	เ
ต	◌ิ	ก	ค	ล	ข	ช	ณ	อ	น	ญ	ง	อ	ย	ก
น	ป	ะ	แ	◌ิ	ฟ	ล	◌่	◌ี	ซ	ด	เ	ส	◌ี	ช
า	บ	ช	ษ	ล	น	จ	ฉ	อ	ส	◌์	ง	ะ	ล	ษ
ท	◌ี	ฟ	ต	แ	ม	ค	ว	พ	ด	ร	ล	ณ	เ	ศ
ก	ล	◌้	ว	ย	ไ	ม	◌้	◌ุ	ล	อ	ธ	ณ	น	ภ
อ	ก	ก	◌ุ	ห	ล	า	บ	ด	ญ	ว	ก	ะ	โ	ง
ด	ป	◌๊	อ	ป	ป	◌ี	◌้	ซ	ร	เ	พ	ไ	ก	ศ
า	ษ	ส	ส	แ	ง	ท	อ	พ	ด	ล	ษ	ฟ	ม	ล
ษ	เ	ส	า	ว	ร	ส	แ	ณ	ง	ค	ช	จ	แ	◌้
โ	บ	ต	◌ั	◌๋	น	ไ	ภ	ช	บ	โ	ท	ศ	ข	เ
ไ	ข	ช	พ	ศ	แ	ด	น	ด	◌ิ	ไ	ล	อ	อ	น

ช่อดอกไม้
พุด
ชบา
มะลิ
ลาเวนเดอร์
ม่วง
ลิลลี่
แมกโนเลีย
เดซี่
กล้วยไม้
เสาวรส
ป๊อปปี้
กลีบ
แดนดิไลออน
โบตั๋น
กุหลาบ
ดอกทานตะวัน
โคลเวอร์
ทิวลิป

44 - Nourriture #2

ม	ฉ	ณ	ศ	ว	ภ	บ	แ	พ	ะ	ถ	ข	ธ	ย	ไ
ว	ะ	ป	ล	า	ด	ร	อ	ฝ	ฝ	ว	◌ี	◌่	◌ี	ก
ธ	ร	เ	ย	◌้	ษ	อ	ป	ศ	ล	ช	ไ	ข	ส	◌่
น	ก	ค	ข	ข	า	ก	เ	ท	ศ	ไ	ป	◌้	ก	ห
น	ะ	ท	ร	◌ี	ภ	โ	ป	เ	ส	ค	ภ	า	จ	ก
แ	ไ	อ	ง	บ	อ	ค	◌ิ	อ	ห	อ	ป	ว	ฟ	ข
ไ	ข	◌่	◌ั	ต	ช	ล	◌้	◌ี	ะ	◌็	ฝ	ส	ง	ว
ข	ด	ม	ป	ล	ศ	◌ี	ล	ข	ภ	ล	ด	า	น	ว
◌ึ	ศ	ศ	ม	แ	ม	ผ	ล	เ	ห	ภ	เ	ล	◌่	ฉ
◌้	ฉ	ซ	น	ก	ล	อ	ถ	ะ	ส	ค	อ	◌ี	◌ุ	แ
น	ช	ษ	ข	โ	ญ	ถ	น	ม	ะ	ม	◌่	ว	ง	ฮ
ฉ	ด	ห	ท	ค	ฉ	ก	ล	ด	ด	ะ	ะ	ม	อ	ม
◌่	อ	พ	ก	อ	ม	ร	◌ี	◌่	◌์	ร	อ	ช	เ	พ
า	ซ	ภ	น	◌็	ก	ล	◌้	ว	ย	บ	ถ	แ	แ	า
ย	ณ	า	ส	ช	ง	ช	ร	ค	ไ	อ	ว	จ	ผ	ข

อัลมอนด์
มะเขือ
กล้วย
ข้าวสาลี
บรอกโคลี
เชอร์รี่
ขึ้นฉ่าย
เห็ด
ช็อคโกแลต
แฮม
กีวี่
มะม่วง
ไข่
ขนมปัง
ปลา
แอปเปิ้ล
ไก่
องุ่น
ข้าว
มะเขือเทศ

45 - Algèbre

ส	า	ร	ล	ะ	ล	า	ย	จ	◌ั	จ	◌ั	ป	แ	ม
แ	ต	ด	ต	ก	า	ร	ล	บ	เ	ท	◌็	จ	ผ	า
ไ	ป	า	ว	ข	ห	ถ	ข	ฟ	◌็	ซ	ข	ณ	น	ม
ณ	ภ	ง	ง	ญ	ญ	ป	ไ	ท	ข	ล	ญ	ส	ภ	ม
ญ	ค	ม	ข	ไ	◌ั	ร	ต	◌ู	ส	ง	เ	ป	า	พ
แ	ก	แ	ะ	ส	ป	◌ิ	ต	า	ม	ห	ซ	ง	พ	ณ
ศ	◌ู	น	ย	◌์	ว	ม	ต	◌์	น	◌ั	น	อ	ว	ะ
ณ	ท	ม	ฟ	ซ	ญ	า	◌ั	ท	เ	ถ	เ	ฉ	ต	อ
ร	ม	อ	ล	ต	จ	ณ	ว	◌ำ	ห	ย	ร	ฉ	◌ั	ฟ
ม	ช	ไ	บ	ะ	ภ	ะ	เ	ว	า	ห	ธ	น	ว	ธ
ด	ธ	บ	ฝ	น	ณ	ร	ล	ส	ม	ก	า	ร	แ	ก
ญ	แ	ษ	ผ	ล	ม	ญ	ข	พ	ณ	น	ฝ	ต	ป	ร
เ	ช	◌ิ	ง	เ	ส	◌้	น	ท	แ	ว	◌ั	ต	ร	า
ญ	แ	เ	ศ	ษ	ส	◌่	ว	น	ล	า	ณ	ว	ค	ฟ
ถ	ะ	เ	ม	ต	ร	◌ิ	ก	ซ	◌์	ผ	ภ	ล	ม	ฟ

แผนภาพ
ตัวแทน
สมการ
ปัจจัย
เท็จ
สูตร
เศษส่วน
กราฟ
อนันต์
เชิงเส้น
เมตริกซ์
ตัวเลข
วงเล็บ
ปัญหา
ปริมาณ
ทำ
สารละลาย
การลบ
ตัวแปร
ศูนย์

46 - Océan

ฟ	แ	◌ู	ป	ธ	แ	ล	ศ	ล	ง	ท	แ	แ	ล	บ
อ	ม	ง	ล	◌ำ	น	◌้	น	ข	◌ื	◌้	◌ำ	◌้	น	ญ
ง	ง	ฟ	า	ว	า	ะ	เ	ฉ	น	ญ	ถ	อ	ซ	ค
น	ก	ห	ห	ป	อ	◌ุ	ป	ร	ล	ฝ	น	ญ	ญ	ศ
◌้	ะ	พ	ม	เ	◌ี	ย	ร	ะ	◌ี	า	น	◌่	◌ู	ท
◌ำ	พ	ย	◌ื	ป	ล	า	ไ	ห	ล	อ	ม	ะ	ญ	ห
า	ร	ถ	ก	ล	ก	พ	พ	ฟ	ส	ต	ธ	ซ	ห	อ
จ	◌ุ	ม	ย	ไ	เ	บ	ล	ม	า	ภ	ถ	ธ	ฟ	ย
ห	น	ง	◌ั	ร	า	ก	ะ	ป	ร	ม	ส	า	ร	น
ท	◌่	◌้	ก	เ	ฉ	ฝ	ห	น	ว	ไ	จ	ฝ	เ	า
ผ	◌ี	◌ุ	ษ	ท	ต	พ	ข	ป	ณ	อ	า	ฟ	ล	ง
พ	ล	ก	◌์	น	ค	◌่	ะ	ค	จ	ะ	ม	ฝ	ข	ร
า	ค	ง	ข	ต	ร	ธ	า	ม	ล	โ	า	ล	ป	ม
ม	ญ	ก	บ	ย	◌ี	ด	ล	ผ	ร	ฉ	ถ	ง	ณ	ส
พ	ก	บ	ช	พ	ฟ	ญ	ป	ศ	ป	ษ	ข	ฟ	า	ผ

ปลาไหล
วาฬ
เรือ
ปะการัง
ปู
กุ้ง
ปลาโลมา
ฟองน้ำ
หอยนางรม
น้ำขึ้นน้ำลง
แมงกะพรุน
ปลา
ปลาหมึกยักษ์
ฉลาม
รีฟ
เกลือ
พายุ
ทูน่า
เต่า
คลื่น

47 - Antiquités

เ	ร	ท	ญ	ฝ	ผ	ถ	ษ	พ	ป	จ	เ	ค	ศ	อ
ษ	ห	ศ	ส	บ	ถ	อ	ด	ซ	อ	ฝ	ฟ	◌ุ	◌ิ	ฟ
ร	ะ	ร	ฟ	ธ	ห	ป	า	ต	ห	พ	อ	ณ	ล	แ
ร	◌ู	ไ	◌ี	ง	ศ	ต	ว	ร	ร	ษ	ร	ภ	ป	แ
ว	ม	ป	พ	ย	ร	น	พ	ศ	ธ	อ	◌์	า	ะ	ศ
ศ	ฉ	ฟ	แ	ห	ญ	◌ุ	า	ษ	ถ	ท	น	พ	ต	ร
ท	ญ	ฟ	ษ	บ	บ	ท	ภ	บ	ป	ก	◌ิ	◌่	ก	แ
ฟ	ว	ค	า	ส	บ	ง	ห	ค	า	ย	เ	แ	แ	ไ
ผ	ฝ	◌่	◌ี	ร	อ	ล	เ	ล	ก	แ	จ	ช	ต	แ
เ	◌ิ	า	◌่	ง	ส	ร	ฝ	ฟ	พ	ป	อ	อ	◌่	ท
ฉ	ณ	ด	ต	ก	ฟ	า	ล	◌ู	ม	ะ	ร	ป	ง	◌้
จ	ศ	ข	ป	แ	ว	ก	ค	ฉ	ล	ค	◌์	จ	ม	า
ร	า	ค	า	ก	ป	ก	า	ร	ฟ	◌ี	◌้	น	ฟ	◌ู
ฟ	ณ	จ	ง	ค	ต	า	ด	ต	ต	บ	เ	บ	ม	ป
ม	ร	ร	ก	า	ม	◌ิ	ต	ะ	ร	ป	ถ	ล	ช	เ

ศิลปะ
แท้
ทศวรรษ
ตกแต่ง
ประมูล
สง่า
แกลเลอรี่
ผิดปกติ
การลงทุน
เฟอร์นิเจอร์
ภาพวาด
เหรียญ
ราคา
คุณภาพ
การฟื้นฟู
ประติมากรรม
ศตวรรษ
รูปแบบ
ค่า
แก่

48 - Boxe

น	ฝ	เ	ส	ง	ษ	ฉ	ค	ฉ	ผ	ว	◌็	ร	เ	ร
ศ	ช	ะ	ย	ร	ต	ษ	เ	◌ู	บ	า	น	ะ	ถ	ง
น	◌ั	ก	ส	◌ู	◌้	ว	ร	ด	◌่	ป	ข	ฆ	แ	ภ
ผ	◌ู	◌้	ต	◌ั	ด	ส	◌ิ	น	ส	แ	ท	◌ั	ร	า
ค	ภ	โ	ค	ะ	แ	น	น	ร	ย	ว	ข	ง	ง	ภ
ส	า	ไ	ฟ	ผ	น	ญ	เ	ช	◌ื	อ	ก	◌่	ย	อ
ะ	อ	ง	ณ	ก	◌้	เ	ห	น	◌ี	◌่	อ	ย	ง	แ
ท	◌ั	ก	ษ	ะ	◌ั	ค	จ	ฝ	ข	ถ	ศ	า	ฉ	ไ
ค	บ	แ	บ	ศ	ป	ส	ว	ถ	ล	ซ	อ	ก	ซ	ย
แ	เ	บ	ก	ไ	◌ำ	ะ	า	ล	จ	อ	◌้	ง	ผ	เ
ต	ค	แ	ถ	จ	ก	ส	น	ม	ณ	ไ	ข	า	ล	ษ
ถ	◌ุ	ง	ม	◌ื	อ	ญ	ฉ	◌ุ	ล	ญ	ม	◌่	อ	แ
ข	อ	แ	ป	เ	เ	ต	ะ	ม	บ	ล	ค	ร	ว	ไ
ก	า	ร	ก	◌ู	◌้	ค	◌ี	น	ซ	เ	ไ	ข	ท	ว
ผ	ถ	า	ณ	ไ	ญ	ห	ฝ	ษ	บ	ท	ฟ	แ	ป	ฉ

คู่แข่ง
ผู้ตัดสิน
ระฆัง
มุม
นักสู้
ทักษะ
โฟกัส
เชือก
ร่างกาย
ข้อศอก
เตะ
เหนื่อย
แรง
ถุงมือ
คาง
กำปั้น
คะแนน
เร็ว
การกู้คืน

49 - Réchauffement Climatique

แ	ฟ	ย	ใ	ป	ไ	ป	ะ	ท	ว	า	ไ	า	ค	ร
ฝ	ก	น	ฝ	ร	บ	ฝ	ด	จ	ท	ญ	ฝ	ช	ว	ะ
ศ	ต	◌๊	ญ	ะ	ช	บ	ไ	ข	ว	ง	ม	ธ	า	ห
ก	ญ	ค	ส	ช	ส	ผ	ว	ย	ธ	ะ	แ	ญ	ม	ว
ห	เ	ม	ย	า	ม	ห	ฎ	ก	ญ	◌ั	ค	◌ำ	ส	◌่
ข	ห	ก	บ	ก	อ	◌ุ	ณ	ห	ภ	◌ู	ม	◌ิ	น	า
ผ	ผ	ล	ห	ร	ก	พ	ล	◌ั	ง	ง	า	น	ใ	ง
ผ	ล	ท	◌ี	◌่	ต	า	ม	ม	า	ธ	เ	◌่	จ	ป
อ	ค	ห	อ	ต	◌ิ	ฤ	ก	◌ิ	ว	จ	ถ	◌ุ	ห	ร
ข	น	ะ	พ	ง	ก	ต	อ	น	น	◌ี	◌้	ร	ฝ	ะ
า	◌้	า	ต	ย	◌์	ษ	◌ุ	น	ม	ถ	ไ	ห	ใ	เ
ไ	ณ	อ	ค	ม	ร	ร	ก	ห	า	ส	ต	◌ุ	อ	ท
ใ	ผ	ว	ม	ต	า	ก	า	ร	พ	◌ั	ฒ	น	า	ศ
ท	ผ	บ	ง	◌ู	อ	ภ	◌ู	ม	◌ิ	อ	า	ก	า	ศ
ญ	ข	ษ	ว	ศ	ล	า	บ	ฐ	◌ั	ร	ย	ร	ญ	ณ

อาร์กติก
ความสนใจ
ภูมิอากาศ
ผลที่ตามมา
วิกฤติ
การพัฒนา
ข้อมูล
พลังงาน
อนาคต
แก๊ส
รุ่น
รัฐบาล
มนุษย์
อุตสาหกรรม
ระหว่างประเทศ
กฎหมาย
ตอนนี้
ประชากร
สำคัญ
อุณหภูมิ

50 - Ballet

ว	พ	ฉ	ฟ	ษ	ต	ฝ	ไ	พ	จ	ถ	ท	เ	ค	น
ธ	ไ	แ	แ	ไ	ซ	ฉ	ก	ว	ก	ไ	ง	อ	ส	◌ั
ษ	ค	ว	า	ม	เ	ข	◌้	ม	ข	◌้	น	น	ง	ก
ซ	ษ	น	ท	ย	บ	น	ท	า	ศ	ฉ	ภ	◌ื	◌่	แ
ท	◌้	ง	ะ	ว	ม	ต	ด	ม	ป	ไ	จ	◌้	า	ต
◌ั	ข	อ	ม	◌ี	บ	ร	ป	ง	ย	◌ี	ส	เ	ง	◌่
ก	ว	เ	ม	เ	ญ	บ	แ	ล	ว	ส	ฟ	ม	า	ง
ษ	ง	ส	ช	ด	ป	ฉ	แ	ส	ณ	ถ	ด	า	ม	เ
ะ	ด	ถ	◌้	◌ี	า	ง	ท	ป	ด	ช	ป	◌้	ษ	พ
ว	น	ศ	◌ู	◌่	ไ	ย	ด	ส	◌ู	ง	ญ	ล	ษ	ล
ห	ต	◌ิ	ผ	ย	ษ	ฟ	ถ	ฟ	ญ	ร	อ	ก	ผ	ง
ง	ร	ล	ภ	ว	บ	ท	เ	ร	◌ี	ย	น	อ	ผ	เ
◌ั	◌ี	ป	ท	◌่	า	ท	า	ง	ร	ไ	เ	เ	ก	ฟ
จ	พ	ะ	ะ	ซ	ธ	ด	น	◌ั	ก	เ	ต	◌้	น	ย
ด	น	ต	ร	◌ี	เ	ท	ค	น	◌ิ	ค	ม	ญ	ช	เ

เสียงปรบมือ
ศิลปะ
ทักษะ
นักแต่งเพลง
นักเต้น
แสดงออก
ท่าทาง
สง่างาม
ความเข้มข้น
บทเรียน
กล้ามเนื้อ
ดนตรี
วงดนตรี
ผู้ชม
ซ้อม
จังหวะ
เดี่ยว
รูปแบบ
เทคนิค

51 - Fruit

ข	แ	ไ	ย	ก	ย	ด	โ	า	ค	ว	โ	า	อ	ส
ท	อ	ค	◌ิ	ร	ป	อ	แ	ก	น	า	ร	ท	ซ	◌ั
น	ป	แ	เ	◌ี	◌ี	ว	เ	ท	ม	น	พ	ไ	น	ป
ง	เ	ว	ซ	◌่	ก	◌่	ล	น	ฟ	ะ	ไ	บ	พ	ป
ฟ	ป	ห	ท	◌์	ล	ไ	◌์	ไ	ค	ม	ล	ซ	น	ะ
ศ	◌ิ	ช	จ	ร	◌้	ส	น	ร	ส	ท	ห	ะ	ภ	ร
ฟ	◌้	แ	จ	อ	ว	แ	ศ	◌ี	อ	ซ	า	ร	ก	ด
ห	ล	น	ฉ	บ	ย	อ	ภ	◌่	ส	ช	อ	ร	ว	อ
ป	ษ	ษ	า	เ	ห	เ	อ	◌์	ย	◌ี	เ	◌์	◌ี	ฉ
ล	จ	ฟ	ช	ส	ส	พ	ศ	ร	ง	พ	ถ	พ	◌่	น
ฟ	เ	ฉ	ท	า	◌้	า	ะ	อ	บ	อ	ศ	แ	◌ี	อ
บ	ธ	ป	พ	ร	ม	ข	ภ	บ	ฟ	จ	ด	ก	ก	ล
ม	ะ	เ	ด	◌ื	◌่	อ	น	เ	ผ	ก	ว	◌ู	ษ	ม
อ	ง	◌ุ	◌่	น	า	ง	เ	พ	ร	ถ	ต	ล	ต	เ
ถ	แ	ฝ	ไ	ฝ	ร	◌ั	◌่	ง	ว	◌่	ม	ะ	ม	ศ

แอปริคอท
สัปปะรด
อาโวคาโด
เบอร์รี่
กล้วย
เชอร์รี่
มะนาว
มะเดื่อ
ราสเบอร์รี่
ฝรั่ง

กีวี่
มะม่วง
เมลอน
เนคทารีน
ส้ม
มะละกอ
พีช
ลูกแพร์
แอปเปิ้ล
องุ่น

52 - Technologie

เ	บ	ร	า	ว	◌์	เ	ซ	อ	ร	◌์	ท	ร	ว	ส
ว	◌ิ	จ	◌ั	ย	ด	◌ิ	จ	◌ิ	ท	◌ั	ล	ง	ท	ถ
ก	ย	เ	ค	อ	ม	พ	◌ิ	ว	เ	ต	อ	ร	◌์	◌ิ
ล	ผ	ค	ภ	ฉ	ร	◌์	ว	แ	◌์	ต	ฟ	อ	ซ	ต
◌้	า	อ	จ	า	◌้	น	ห	บ	แ	ส	ด	ง	ม	◌ิ
อ	ซ	ร	จ	ธ	ส	ห	ข	บ	เ	ง	ด	ฉ	า	ค
ง	ข	◌์	ว	ย	◌ั	ภ	ด	อ	ล	ป	ม	า	ว	ค
ะ	◌้	เ	ล	ร	ร	ธ	ณ	◌ั	ฉ	ธ	พ	ฝ	ค	อ
ว	อ	ซ	ห	ฟ	ว	ช	ฉ	ก	ศ	บ	ผ	แ	อ	ษ
ล	ม	อ	ส	ส	ไ	ฝ	ย	ษ	ง	ข	ฉ	ป	◌้	ศ
บ	◌ู	ร	บ	ล	◌็	อ	ก	ร	พ	ก	ฉ	ถ	ข	ษ
ด	ล	◌์	ก	ข	า	ไ	ย	จ	เ	ส	ม	◌ื	อ	น
น	ไ	ษ	ต	น	◌็	เ	ร	◌์	อ	ท	เ	น	◌ิ	อ
น	เ	ม	ถ	บ	ฟ	ว	ม	ญ	ข	ด	จ	ท	ส	ะ
ศ	ก	ช	า	ย	ไ	ด	ว	ร	า	แ	ผ	บ	ง	ช

แสดง
บล็อก
กล้อง
เคอร์เซอร์
ข้อมูล
หน้าจอ
ไฟล์
อินเทอร์เน็ต
ซอฟต์แวร์
ข้อความ
เบราว์เซอร์
ดิจิทัล
ไบต์
คอมพิวเตอร์
แบบอักษร
วิจัย
ความปลอดภัย
สถิติ
เสมือน
ไวรัส

53 - Musique

ซ	ค	ก	ไ	ล	ก	ด	ง	โ	แ	ษ	ซ	ท	ไ	พ
ด	ล	ส	ม	◌ี	ท	า	อ	ษ	อ	ษ	ค	ส	ผ	ฟ
ฉ	า	ฉ	โ	ร	ฟ	ล	ร	ม	ไ	◌๊	แ	ไ	ศ	ว
ป	ส	จ	ค	◌ิ	ก	ล	◌้	บ	ษ	ว	ะ	ก	น	พ
ป	ส	อ	ร	ค	ท	◌ั	ก	◌ั	◌ั	พ	เ	โ	ฟ	ณ
ต	◌ิ	ร	โ	◌ั	ด	บ	◌ั	◌้	า	น	ด	ท	อ	า
ท	ก	◌ี	ฟ	ล	น	ร	น	ล	ษ	า	ท	ศ	ม	◌่
ว	◌ำ	ต	น	ะ	ต	◌้	ไ	◌ั	จ	ส	แ	◌ึ	พ	ร
ญ	ห	น	จ	ว	ร	อ	แ	อ	ค	ผ	ผ	า	ก	ป
ร	ต	ด	อ	ห	◌ี	ง	ไ	บ	ญ	ม	ง	ท	ค	เ
ม	ถ	ก	ฟ	ง	ก	เ	จ	ท	ย	ส	ม	ณ	ล	อ
า	ต	◌ั	ต	◌ั	พ	พ	ม	ก	ร	ผ	ข	ป	ผ	โ
ล	ล	น	ศ	จ	ผ	ล	แ	ว	ต	ร	า	ส	า	ร
เ	ฝ	ห	ห	บ	ข	ง	ถ	◌ี	ล	ว	ธ	ภ	น	ข
ค	ว	า	ม	ส	า	ม	◌ั	ค	ค	◌ี	ผ	ช	ก	ข

อัลบั้ม
บัลลาด
ร้องเพลง
นักร้อง
คลาสสิก
การบันทึก
ผสมผสาน
ความสามัคคี
โอ๊ะโอ่
ตราสาร
ลีริคัล
ทำนอง
ไมโครโฟน
ดนตรี
นักดนตรี
โอเปร่า
บทกวี
จังหวะ

54 - Météo

น	ท	พ	า	ย	ุ	เ	ฮ	อ	ร	ิ	เ	ค	น	พ
ส	ภ	า	พ	อ	า	ก	า	ศ	ฉ	ฟ	ป	อ	า	า
ธ	บ	ผ	ล	แ	ย	ฟ	ค	ล	า	ว	ด	์	า	ย
ร	แ	ห	้	ง	ผ	ง	้	ซ	เ	เ	ท	ไ	ง	ุ
อ	ุ	ณ	ห	ภ	ู	ม	ิ	า	ฝ	ะ	ง	ล	ม	ท
โ	พ	ล	า	ร	์	ุ	ด	ก	ร	ง	น	เ	เ	อ
ศ	ะ	พ	จ	ข	ภ	ส	ศ	พ	ท	้	ซ	ด	ข	ร
บ	พ	ค	ห	ส	ส	ร	ต	ป	้	ส	อ	น	ต	์
น	ร	า	ง	ก	ญ	ม	ษ	พ	อ	า	ม	ง	ร	น
้	จ	ร	ย	บ	ห	ม	อ	ก	ง	ย	า	้	้	า
ำ	ไ	บ	ย	ุ	จ	ห	พ	ซ	ฝ	ร	ะ	ล	อ	โ
แ	ต	ร	ส	า	ห	ฝ	ห	ซ	้	ุ	ข	แ	น	ด
ข	ม	ี	ะ	ย	ก	ห	ไ	น	า	้	ย	ผ	ไ	อ
็	จ	ซ	ศ	ฟ	ป	า	ศ	ส	ษ	ง	ด	ย	น	า
ง	ม	ล	ผ	ถ	ต	ล	ศ	น	้	ำ	ท	่	ว	ม

สายรุ้ง
บรรยากาศ
บรีซ
หมอก
ท้องฟ้า
สภาพอากาศ
น้ำแข็ง
น้ำท่วม
มรสุม
คลาวด์
พายุเฮอริเคน
โพลาร์
แห้ง
แล้ง
อุณหภูมิ
พายุ
ฟ้าร้อง
พายุทอร์นาโด
เขตร้อน
ลม

55 - L'Entreprise

ก	า	ร	ต	◌ั	ด	ส	◌ิ	น	ใ	จ	พ	ไ	ย	ษ
น	ว	◌ั	ต	ก	ร	ร	ม	◌ุ	ฟ	ฟ	ย	ข	ฝ	ย
ซ	อ	ง	ช	ท	จ	ด	ฝ	ท	ง	ค	ล	ม	ส	ข
ะ	ต	ญ	ไ	ณ	น	า	ง	ง	า	◌้	จ	ร	า	ก
ป	ภ	ษ	จ	เ	ห	ต	ซ	ล	ษ	บ	ห	ณ	จ	ญ
ค	ถ	อ	น	ส	เ	◌ำ	น	ร	า	ก	ต	ไ	ร	า
ร	ว	พ	ส	น	า	ร	ก	า	ย	พ	◌ั	ร	ท	ก
า	ง	า	จ	◌้	า	◌่	ค	ก	ก	ษ	ท	ถ	ศ	ม
ย	ธ	ภ	ม	ล	ส	ร	◌้	า	ง	ส	ร	ร	ค	◌์
ไ	ญ	ณ	ษ	เ	อ	◌ุ	ต	ส	า	ห	ก	ร	ร	ม
ด	ถ	◌ุ	ง	ย	ส	◌ี	เ	อ	◌่	◌ื	ช	ค	ห	ว
◌้	ฝ	ค	ธ	พ	ช	◌ี	า	อ	อ	◌ื	ม	ฉ	จ	ฟ
ธ	◌ุ	ร	ก	◌ิ	จ	ณ	◌่	ห	น	◌่	ว	ย	ย	ซ
ท	◌ั	◌่	ว	โ	ล	ก	เ	ย	ฝ	ป	ฉ	แ	ญ	ล
ผ	ล	◌ิ	ต	ภ	◌ั	ณ	ฑ	◌์	ง	ภ	ศ	พ	ญ	ภ

ธุรกิจ
สร้างสรรค์
การตัดสินใจ
การจ้างงาน
ทั่วโลก
อุตสาหกรรม
นวัตกรรม
การลงทุน
การนำเสนอ

ผลิตภัณฑ์
มืออาชีพ
คุณภาพ
ทรัพยากร
รายได้
ชื่อเสียง
ความเสี่ยง
ค่าจ้าง
หน่วย

56 - Gouvernement

อ	ต	ฉ	บ	ท	ค	ร	า	ก	า	ล	◌ุ	ต	ป	ษ
ไ	◌ิ	า	ฝ	ป	ว	◌ั	ส	อ	ฉ	ป	ฟ	แ	ร	ป
ด	ษ	ส	ศ	ก	า	ฐ	ษ	ง	ป	ร	ด	ค	ะ	ร
ร	◌ั	ฐ	ร	ณ	ม	ธ	ษ	ถ	บ	ะ	ณ	ศ	ช	อ
พ	ต	ว	ต	ะ	ย	ร	ค	ฉ	ภ	เ	◌์	ส	า	อ
ส	◌ิ	ท	ธ	◌ิ	◌ุ	ร	า	ผ	ย	ท	ษ	ฟ	ธ	ย
ง	า	ไ	ส	ญ	ต	ม	ภ	ฉ	◌์	ศ	ก	ศ	◌ิ	◌่
อ	ช	เ	เ	ซ	◌ิ	น	อ	◌ี	ร	เ	ล	พ	ป	า
◌ี	บ	ด	ร	ซ	ธ	◌ู	ม	า	◌ี	ะ	◌ั	า	ไ	ง
ม	◌ั	ค	จ	บ	ร	ญ	ส	ไ	ว	ท	ญ	ภ	ต	ศ
เ	ด	ด	◌ำ	น	ร	ช	เ	ะ	า	ด	◌ั	◌ี	ย	ป
ร	ะ	ค	ณ	พ	ม	พ	ม	พ	ส	ณ	ส	ร	ธ	ป
า	ร	พ	ส	ฉ	◌ู	ฉ	า	เ	◌ุ	ญ	ม	ส	ฉ	ะ
ก	ฎ	ห	ม	า	ย	ด	ว	ข	น	ส	ญ	เ	ช	า
ด	ฝ	ค	ไ	ภ	ะ	ไ	ค	ต	อ	ท	ซ	ฟ	ต	ห

พลเรือน
รัฐธรรมนูญ
ประชาธิปไตย
คำพูด
อย่าง
เขต
สิทธิ
ความเสมอภาค
รัฐ
อิสระ
ตุลาการ
ความยุติธรรม
เสรีภาพ
กฎหมาย
อนุสาวรีย์
ประเทศ
ระดับชาติ
สงบ
การเมือง
สัญลักษณ์

57 - Randonnée

ศ	า	ก	า	อ	ม	◌ิ	◌ู	ภ	ห	พ	ซ	ฝ	ห	ว
◌ิ	ต	า	ช	ม	ร	ร	ธ	ย	◌ุ	ง	ธ	ะ	◌ิ	ห
ไ	จ	ร	ก	ย	อ	◌่	◌ี	น	ห	เ	◌ำ	◌้	น	ห
ว	◌์	ต	◌ั	ส	ง	ส	จ	ข	ถ	า	ภ	แ	ฝ	น
ด	ป	ร	น	ซ	เ	ธ	ภ	บ	ง	ข	ง	า	ก	◌้
ว	ไ	ะ	ห	ว	ท	ไ	ย	า	ร	ต	น	◌ั	อ	า
ง	ล	เ	ธ	ส	◌้	เ	ธ	ฉ	พ	ธ	ธ	ญ	แ	ผ
อ	ม	ต	ไ	ถ	า	ป	ค	ด	ญ	อ	ญ	เ	า	า
า	พ	ร	ภ	บ	บ	ง	◌่	◌ำ	ย	ถ	า	ก	แ	ษ
ท	แ	◌ี	จ	ร	◌ู	ว	ท	า	แ	น	ต	ก	ส	ร
◌ิ	ถ	ย	ฝ	ถ	ท	ศ	ภ	ข	ค	น	ศ	จ	า	ค
ต	ค	ม	ป	ฐ	ม	น	◌ิ	เ	ท	ศ	ะ	ค	ข	ศ
ย	ภ	น	จ	ษ	ฉ	ไ	ฟ	◌ู	ง	ล	ฉ	น	ง	ฉ
◌์	แ	ฉ	ณ	ไ	ย	พ	ไ	ภ	ป	ง	ไ	ฝ	◌ำ	ญ
แ	ผ	น	ท	◌ี	◌่	ด	า	ธ	ย	ฟ	ไ	ต	ฉ	ห

สัตว์
รองเท้าบูท
แผนที่
ภูมิอากาศ
อันตราย
น้ำ
หน้าผา
เหนื่อย
คำแนะนำ
หนัก
สภาพอากาศ
ภูเขา
ยุง
ธรรมชาติ
ปฐมนิเทศ
หิน
การตระเตรียม
ป่า
ดวงอาทิตย์

58 - Art

จ	ส	เ	ส	ไ	ซ	บ	ท	ก	ว	◌ี	แ	ภ	ฟ	ไ
า	◌ั	ซ	◌่	ส	◌่	ว	น	ป	ร	ะ	ก	อ	บ	ธ
ผ	ญ	ร	ว	ว	จ	ม	บ	อ	ต	ฟ	ง	ะ	ส	ย
ย	ล	า	น	า	ผ	บ	บ	ช	ส	ษ	ย	พ	ง	ฟ
ญ	◌ั	ม	ต	ด	ไ	ร	◌ั	ญ	ก	ร	ป	ด	ห	ล
ย	ก	◌ิ	◌ั	ภ	แ	ฝ	ฉ	น	อ	ซ	◌้	บ	◌ั	ซ
เ	ษ	ค	ว	า	ว	ด	น	ซ	พ	ฝ	ภ	า	ฝ	ส
ร	ณ	ญ	ผ	พ	า	ภ	◌้	ม	ท	ท	ล	า	ง	น
◌ี	◌์	บ	ย	ป	ร	ะ	ต	◌ิ	ม	า	ก	ร	ร	ม
◌่	ว	ว	อ	า	ร	ม	ณ	◌์	ธ	ย	ษ	ล	แ	ภ
อ	แ	ร	ป	บ	◌่	ภ	า	พ	ว	า	ด	ไ	ช	ง
ง	อ	น	ก	อ	อ	ง	ด	ส	แ	ร	า	ก	แ	จ
ส	ถ	◌ิ	ต	ย	ศ	า	ส	ต	ร	◌์	ว	ป	ต	ห
อ	ซ	◌ี	◌่	อ	ส	◌ั	ต	ย	◌์	ผ	ฉ	เ	ษ	ภ
ท	ภ	ฉ	ล	เ	ฉ	ม	ค	ผ	บ	น	แ	ก	เ	ถ

เซรามิค
ซับซ้อน
ส่วนประกอบ
สร้าง
วาดภาพ
การแสดงออก
ซื่อสัตย์
อารมณ์
ต้นฉบับ
ภาพวาด
ส่วนตัว
บทกวี
ประติมากรรม
ง่าย
เรื่อง
สถิตยศาสตร์
สัญลักษณ์
ภาพ

59 - Nutrition

ค	า	ร	◌์	โ	บ	ไ	ฮ	เ	ด	ร	ต	น	ข	เ
เ	เ	ถ	เ	ถ	แ	เ	ฟ	ห	พ	ซ	ถ	◌้	ม	ค
ด	ค	ญ	ส	ะ	ส	ฟ	แ	ท	ง	บ	ณ	◌ำ	ค	ร
ษ	พ	ข	ท	ด	ษ	จ	เ	ค	ก	ส	ว	ห	◌ุ	◌ี
ก	า	ร	ย	◌่	อ	ย	ฝ	ด	ล	ห	ต	น	ณ	◌่
◌ั	ภ	ว	◌ิ	ต	า	ม	◌ิ	น	ค	อ	ง	◌ั	ภ	อ
ม	ข	ฉ	เ	ล	ด	ว	ท	ร	ว	ซ	ร	ก	า	ง
ห	◌ุ	โ	อ	า	ห	า	ร	ช	า	ศ	แ	◌ี	พ	เ
ร	ส	ป	ค	ห	ค	ฝ	ท	ษ	ม	ษ	ง	ะ	◌่	ท
า	◌ิ	ร	ฟ	ด	◌้	ไ	น	◌ิ	ก	ส	◌็	า	ซ	ศ
ก	ช	ต	ส	ม	ด	◌ุ	ล	พ	ร	ด	ข	ค	อ	ต
ท	ะ	◌ี	า	บ	ภ	ษ	ม	อ	ะ	ส	แ	ณ	ส	จ
ฉ	ซ	น	ท	ช	ษ	ผ	ว	ล	ห	เ	ง	อ	ข	น
ฉ	ข	ผ	ร	ไ	ส	ะ	ฉ	ญ	า	ถ	บ	บ	ข	ง
ผ	ย	เ	ร	ณ	ซ	ร	บ	ผ	ย	ต	ส	ษ	จ	ด

ขม
ความกระหาย
แคลอรี่
กินได้
อาหาร
การย่อย
เครื่องเทศ
สมดุล
การหมัก
คาร์โบไฮเดรต
ของเหลว
น้ำหนัก
โปรตีน
คุณภาพ
แข็งแรง
สุขภาพ
ซอส
รสชาติ
พิษ
วิตามิน

60 - Créativité

ก	ญ	ะ	า	ภ	ภ	ไ	ภ	พ	ษ	น	ก	ค	ช	โ
ค	ป	ฟ	ย	ป	ธ	อ	ศ	า	ศ	ย	า	ว	ป	ด
ษ	ว	า	ญ	ผ	ไ	เ	◌ิ	ช	พ	ย	ร	า	ร	ย
ส	ณ	า	จ	ะ	ห	ด	ล	◌ี	◌้	ท	แ	ม	ะ	ธ
ฉ	อ	ห	ม	◌ิ	ล	◌ี	ป	ร	จ	ะ	ส	ป	ด	ร
น	ษ	ต	ว	เ	น	ย	ะ	ป	ฝ	ญ	ด	ร	◌ิ	ร
ะ	ต	ย	ไ	ต	ข	ต	ม	◌ิ	◌ิ	น	ง	ะ	ษ	ม
อ	า	ร	ม	ณ	◌์	◌้	น	ล	ษ	ศ	อ	ท	ฐ	ช
ท	◌ั	ก	ษ	ะ	า	◌่	ม	า	ร	ด	อ	◌ั	◌์	า
ว	ส	ศ	ผ	ป	ภ	ซ	ณ	ข	ก	ไ	ก	บ	พ	ต
ถ	อ	ศ	ท	ช	ว	ษ	น	ผ	◌้	า	บ	ไ	ล	◌ิ
ค	ว	า	ม	ร	◌ู	◌้	ส	◌ึ	ก	น	ร	จ	◌ั	ว
ค	ว	า	ม	ช	◌ั	ด	เ	จ	น	ข	ต	ล	ง	ม
แ	ร	ง	บ	◌ั	น	ด	า	ล	ใ	จ	ช	ร	ภ	ง
ค	ผ	ส	อ	ไ	ร	ท	ฝ	ส	ภ	ะ	ศ	ไ	อ	ฉ

ศิลปะ
แท้
ความชัดเจน
ทักษะ
ดราม่า
การแสดงออก
อารมณ์
ไหล
ไอเดีย
ภาพ
จินตนาการ
ความประทับใจ
แรงบันดาลใจ
ความเข้มข้น
ปรีชา
ประดิษฐ์
ความรู้สึก
โดยธรรมชาติ
นิมิต
พลัง

61 - Science Fiction

ด	ล	บ	ด	ธ	ศ	ษ	เ	ต	ข	ไ	จ	ส	บ	ภ
า	ณ	ศ	ฉ	◌ิ	ว	ว	ถ	พ	ซ	พ	ช	ไ	ะ	า
ว	ข	ฝ	ง	◌์	ส	ร	ถ	ถ	◌้	ฝ	ค	ไ	ญ	พ
เ	ภ	ท	ม	ท	ะ	โ	ท	ไ	ผ	อ	บ	ษ	า	ล
ค	ะ	เ	พ	◌ิ	ร	ป	ท	ภ	ญ	ก	ฝ	ท	ญ	ว
ร	โ	บ	ธ	ส	ง	ถ	ค	เ	ช	ไ	ต	◌ั	ต	ง
า	เ	ล	อ	ะ	ต	อ	ม	ด	ป	ฟ	◌์	ช	น	ต
ะ	ห	◌ั	ก	ไ	ญ	ณ	ช	น	ห	◌ี	น	ะ	บ	า
ห	ร	ก	ก	า	แ	ล	ก	ซ	◌ี	◌่	ย	จ	ห	ไ
◌์	ญ	◌ึ	ย	◌ู	โ	ท	เ	ป	◌ี	ย	น	ร	น	ย
ก	ฝ	ล	อ	น	า	ค	ต	พ	แ	ฉ	◌่	ณ	◌ั	พ
ส	◌ุ	ด	ข	◌ี	ด	น	ผ	ภ	ญ	ท	◌ุ	ไ	ง	ห
ณ	จ	อ	ก	ย	◌์	ร	ร	จ	ศ	◌ั	ห	ม	ส	ฉ
ก	า	ร	ร	ะ	เ	บ	◌ิ	ด	ฟ	ผ	ฉ	า	◌ี	ช
เ	ท	ค	โ	น	โ	ล	ย	◌ี	ะ	เ	ช	ง	อ	ห

อะตอม
ดิสโทเปีย
การระเบิด
สุดขีด
มหัศจรรย์
ไฟ
อนาคต
กาแลกซี่
ภาพลวงตา
เพ้อฝัน
หนังสือ
โลก
ลึกลับ
สิทธิ์
ดาวเคราะห์
หุ่นยนต์
เทคโนโลยี
ยูโทเปีย

62 - Professions #1

ด	น	ต	◌้	เ	ก	◌ั	น	ป	บ	ญ	ง	น	ส	ษ
พ	◌ั	◌ั	ศ	◌ิ	ล	ป	◌ิ	น	ช	ท	ว	◌ั	◌ั	ว
ไ	ย	บ	ก	ม	ง	อ	ะ	เ	◌ี	น	า	ก	ต	ผ
ภ	ท	า	เ	เ	ซ	ภ	จ	ป	ญ	า	ย	จ	ว	ซ
ถ	ว	พ	บ	พ	ป	ล	ท	ช	บ	ย	ท	◌ิ	แ	ว
ะ	ค	น	ว	า	ล	◌ี	ไ	ภ	◌ั	ค	ว	ต	พ	ว
ไ	า	ส	ห	ว	ล	◌ิ	ย	ไ	ก	ว	◌ิ	ว	ท	น
ข	ไ	ย	บ	ณ	ห	แ	ง	โ	◌ั	า	ณ	◌ิ	ย	า
ช	◌่	า	ง	ป	ร	ะ	ป	า	น	ม	◌ี	ท	◌์	ย
◌้	ข	บ	ร	ร	ณ	า	ธ	◌ิ	ก	า	ร	ย	อ	ธ
ค	น	◌ั	ก	ด	น	ต	ร	◌ี	า	ซ	ธ	า	◌ั	น
โ	ค	ห	น	ห	ม	อ	ก	ถ	ซ	ซ	ก	ฟ	ญ	า
ฝ	พ	ก	ษ	ห	ร	◌์	อ	ต	เ	น	◌ั	ฮ	ม	ค
ฉ	ช	ณ	ถ	ง	ร	ง	ษ	ด	ไ	ฝ	น	บ	ณ	า
น	◌ั	ก	ด	า	ร	า	ศ	า	ส	ต	ร	◌์	◌ี	ร

ศิลปิน
นักดาราศาสตร์
ทนายความ
นายธนาคาร
อัญมณี
ฮันเตอร์
นักบัญชี
นักเต้น
โค้ช
บรรณาธิการ
นักธรณีวิทยา
พยาบาล
หมอ
นักดนตรี
นักเปียโน
ช่างประปา
ดับเพลิง
นักจิตวิทยา
สัตวแพทย์

63 - Géologie

ช	ไ	ถ	ต	เ	ง	ฟ	ภ	ธ	ไ	จ	พ	ณ	ภ	ฟ
เ	ง	◌้	ศ	พ	ภ	ย	อ	ย	◌้	น	◌ิ	ห	◌ู	ค
ห	ส	◌ำ	แ	แ	พ	ล	จ	ส	น	◌ิ	ง	ะ	เ	ว
ล	◌ู	ญ	จ	ค	ง	ก	ไ	ค	ซ	ห	ซ	เ	ข	อ
ว	บ	ค	อ	ไ	ล	ฝ	า	ข	โ	◌ิ	ท	ธ	า	ท
แ	า	ว	า	ล	ถ	เ	ไ	ฟ	ศ	ผ	ล	า	ไ	ซ
ค	ร	◌ิ	ส	ต	◌ั	ล	ซ	ธ	ญ	ฝ	ฟ	ไ	ฟ	◌์
พ	◌่	ห	ภ	ห	ว	ง	ป	◌ี	ว	ท	ญ	ฟ	ซ	ร
ง	◌ี	ฝ	ส	บ	ภ	ญ	เ	น	ย	ม	ว	แ	แ	อ
ง	ท	แ	ข	ฟ	ง	ล	ก	ศ	ร	ม	ง	ษ	ง	ซ
แ	ไ	ฝ	ด	ถ	น	ป	ล	บ	ฉ	◌่	ฟ	ม	ภ	เ
ภ	ษ	ญ	า	ล	◌้	ม	◌ี	ก	ร	ด	อ	ษ	ฟ	ก
ป	ะ	ก	า	ร	◌ั	ง	อ	ธ	ญ	ต	ง	น	ผ	ไ
ล	ข	ต	ช	ษ	ช	ค	แ	ร	◌่	ธ	า	ต	◌ุ	ฟ
บ	ร	จ	ม	ษ	ค	จ	ร	บ	ถ	ง	ผ	จ	ส	ไ

กรด
แคลเซียม
ถ้ำ
ทวีป
ปะการัง
ชั้น
คริสตัล
ร่อน
เหลว
ฟอสซิล
ไกเซอร์
ลาวา
แร่ธาตุ
หิน
ที่ราบสูง
ควอทซ์
เกลือ
หินย้อย
ภูเขาไฟ
โซน

64 - Jardin

เ	ป	ล	ญ	ว	น	ว	ด	◌ำ	ส	า	ไ	น	โ	ส
ล	ป	ง	ฝ	น	า	◌ั	อ	ด	น	ณ	ญ	ช	ร	ว
ต	◌้	น	ไ	ม	◌้	ช	ก	ร	า	◌้	ญ	ห	ง	น
ล	ท	◌ั	ฉ	อ	บ	พ	ไ	◌ั	ม	ช	อ	ว	ร	ส
ญ	ไ	◌่	ป	บ	น	◌ี	ม	◌้	ห	ณ	ฝ	◌่	ถ	ว
ญ	ว	า	อ	ป	า	ช	◌้	ว	ญ	ล	ศ	◌ั	บ	น
ฝ	ส	◌้	ร	ณ	ช	◌ุ	ล	ค	◌้	ณ	ณ	ล	ข	ผ
ม	ต	ม	จ	ะ	ธ	บ	ช	ไ	า	ม	ฝ	พ	ค	ล
จ	ส	ส	ภ	แ	เ	ม	แ	ไ	ด	◌ิ	น	ห	จ	ไ
ผ	ไ	ล	อ	แ	ก	บ	ะ	ธ	ช	ษ	ถ	ษ	ฉ	ม
ต	อ	ซ	ต	ฉ	ฉ	ฝ	◌ี	ป	ไ	ว	ษ	ส	ผ	◌้
ฉ	ษ	ผ	ล	ฝ	ว	ป	ญ	ย	ซ	พ	ผ	ร	ณ	ธ
จ	ถ	า	ร	ค	ร	า	ด	ถ	ง	า	ถ	จ	า	ไ
แ	ท	ร	ม	โ	พ	ล	◌ี	น	พ	ซ	ห	ภ	ไ	ช
ล	ภ	ฉ	ต	แ	ก	า	ท	ณ	ร	ย	ห	ง	ผ	ข

ต้นไม้
ม้านั่ง
บช
รั้ว
บ่อน้ำ
ดอกไม้
โรงรถ
เปลญวน
หญ้า
สวน
วัชพืช
พลั่ว
สนามหญ้า
ระเบียง
คราด
ดิน
ชานบ้าน
แทรมโพลีน
ท่อ
สวนผลไม้

65 - Santé et Bien Être #1

ก	ก	า	ย	ย	า	ข	น	า	◌้	ร	ญ	ไ	ญ	ไ
ล	า	ษ	แ	ด	ง	◌ู	ส	ม	า	ว	ค	ถ	ด	ค
◌้	ร	ก	พ	บ	ผ	◌ิ	ว	ค	โ	ช	ซ	ค	ถ	ว
า	บ	◌ั	ก	ว	ค	ษ	ป	ไ	ค	◌์	ซ	ล	แ	า
ม	◌ำ	ร	จ	ษ	ธ	ท	พ	ง	เ	ฝ	ร	◌่	ไ	ม
เ	บ	ร	ส	บ	ธ	ฝ	◌ี	พ	ณ	ร	ะ	อ	ม	ห
น	◌ั	า	น	◌ิ	ส	◌ั	ย	เ	ร	ว	ข	ง	ฮ	◌ิ
◌ี	ด	ก	◌ู	ด	ะ	ร	ก	ห	ร	ธ	ว	แ	ย	ว
◌้	ข	ล	ฟ	ฟ	บ	แ	บ	ง	ฝ	◌ี	ล	ค	ถ	ณ
อ	ค	ว	ถ	ป	ไ	ต	า	ย	า	พ	ย	ล	ท	ส
ซ	ช	ล	ป	ต	ช	ก	ด	ง	า	ท	า	◌่	ท	ะ
ญ	ญ	ร	◌ิ	ท	ธ	ห	เ	ม	ล	ย	า	ว	ค	ท
ข	ป	ส	า	น	ล	◌ั	จ	ไ	ว	ร	◌ั	ส	ต	◌้
ย	พ	ป	ล	ต	◌ิ	ก	◌็	ศ	ป	ล	ฉ	ญ	ะ	อ
ช	ร	บ	ป	อ	ป	ก	บ	ด	ส	ญ	ษ	น	เ	น

คล่องแคล่ว
แบคทีเรีย
บาดเจ็บ
คลินิก
ความหิว
แตกหัก
นิสัย
ความสูง
ฮอร์โมน
หมอ

ยา
กล้ามเนื้อ
กระดูก
ผิว
ร้านขายยา
ท่าทาง
สะท้อน
การบำบัด
การรักษา
ไวรัส

66 - Barbecues

ห	◌ั	ว	ห	อ	ม	อ	◌้	ส	ผ	ส	ฟ	พ	บ	ค
ฉ	ฉ	แ	พ	ค	◌ี	ผ	ภ	ม	ค	◌ั	ว	ร	อ	ว
◌ี	ณ	ผ	ว	ร	ไ	ล	ถ	ถ	ม	ท	ก	◌ิ	น	า
ร	◌้	อ	น	อ	ะ	อ	ก	ฝ	อ	ะ	ไ	ก	ฝ	ม
ต	ม	ศ	◌ั	บ	ณ	ศ	ช	เ	า	ท	ง	ไ	ซ	ห
น	ะ	ค	ว	ค	ว	ฉ	ว	ไ	ห	ซ	จ	ท	อ	◌ิ
ด	เ	ห	ง	ร	ส	ะ	ย	ง	า	◌่	ย	ย	ส	ว
ไ	ข	ไ	า	◌ั	ข	ส	น	อ	ร	◌้	◌ู	ด	ฤ	ง
ศ	◌ี	ก	ล	ว	บ	ข	ส	ะ	เ	ณ	ป	จ	ล	ไ
แ	อ	◌่	ก	า	อ	ฝ	ด	ด	ย	ฝ	ร	ป	ะ	ง
ภ	เ	ร	ร	ผ	◌้	อ	จ	ส	◌็	ช	ธ	บ	ส	ซ
ล	ท	แ	า	ก	เ	ม	ก	เ	น	ฉ	ล	พ	ซ	ห
ส	ศ	ว	ห	ณ	ษ	◌ี	ไ	ธ	ผ	พ	ฟ	ม	น	ฟ
อ	ด	ก	า	ษ	ด	ด	◌ั	ล	ส	ฟ	แ	บ	ท	อ
จ	พ	ม	อ	ไ	ฉ	เ	ฝ	ส	ผ	ะ	ห	ศ	ณ	ช

ร้อน
มีด
อาหารกลางวัน
อาหารเย็น
ฤดูร้อน
ความหิว
ครอบครัว
ส้อม
ผลไม้
ย่าง
เกม
ผัก
ดนตรี
หัวหอม
พริกไทย
ไก่
สลัด
ซอส
เกลือ
มะเขือเทศ

67 - Insectes

แ	แ	ผ	ภ	ด	ะ	า	ซ	ต	า	อ	ว	แ	ต	เ
ฟ	ม	ป	ญ	ไ	ญ	ช	ท	◌ั	เ	ข	จ	ง	◌ั	ส
ะ	า	ล	ม	ซ	ฟ	ง	เ	ว	ส	ง	ถ	ค	◌๊	ะ
ก	ธ	ะ	ง	ว	◌้	ด	ห	อ	◌่	ต	ไ	ศ	ก	ญ
แ	ง	ไ	◌ุ	ส	ซ	ม	◌็	◌่	ม	ย	ถ	ญ	แ	เ
เ	ม	แ	ย	า	า	ะ	บ	อ	ญ	◌้	ฟ	น	ต	แ
ษ	ห	ล	ต	ม	ว	บ	ค	น	ญ	◌ี	ว	ป	น	ธ
ส	ป	ก	ง	น	ญ	พ	ด	จ	ป	ล	ว	ก	ต	ล
ณ	ร	ล	ท	ป	แ	ไ	ล	◌ั	น	พ	ผ	ณ	แ	ย
ถ	ไ	ร	ช	ส	อ	ต	ฉ	◌่	ล	เ	◌ี	ง	ม	ช
ป	า	ท	◌ั	ง	ก	า	น	ก	ป	ผ	เ	ส	พ	ภ
ฉ	บ	ผ	ไ	ะ	ณ	ถ	ธ	◌ั	ถ	ไ	ส	ฉ	ไ	ช
ท	ไ	◌ึ	ไ	ศ	ด	ค	ฉ	จ	ถ	ล	◌ี	ท	ฝ	ข
ถ	ฟ	◌้	เ	ต	◌่	า	ท	อ	ง	ฟ	◌้	ช	ช	ว
พ	ท	ง	ห	น	อ	น	ต	บ	ไ	ฟ	อ	ว	ข	ก

ผึ้ง
แมลงสาบ
จักจั่น
เต่าทอง
ปาทังกา
มด
แตน
ต่อ
ตัวอ่อน
แมลงปอ
กงแตนแตน
ยุง
ผีเสื้อ
เห็บ
เพลี้ย
ตั๊กแตน
ด้วง
ปลวก
หนอน

68 - Ferme #1

ซ	ฉ	ภ	ม	เ	ก	ษ	ต	ร	ก	ร	ร	ม	ร	ล
ย	บ	ผ	◌้	อ	เ	ม	ก	ด	ไ	ต	เ	แ	◌ั	ธ
ป	ถ	พ	า	ง	◌ิ	ท	ะ	ร	ก	ร	ฝ	า	◌้	ไ
จ	จ	ต	น	ก	แ	เ	ฟ	บ	◌่	อ	◌ู	ไ	ว	ษ
ต	ญ	า	ส	ร	◌ี	ง	ย	ย	ย	ไ	ง	ษ	ษ	ต
ส	น	า	ม	ป	ฟ	อ	ไ	ญ	ศ	ฝ	น	พ	ท	แ
ผ	ไ	ย	ห	ฝ	ย	◌่	ว	ข	ส	บ	ส	ณ	ก	น
ไ	ว	ม	ธ	จ	ท	น	ห	ม	า	ผ	ะ	า	ย	ซ
ว	ไ	น	ศ	ต	ร	ญ	◌้	น	น	เ	ศ	ฉ	ม	า
ธ	ม	ก	ว	น	ก	ห	ซ	◌ำ	ะ	า	ร	ญ	เ	ฝ
ย	ธ	ศ	◌ั	ญ	ถ	ธ	บ	◌้	ผ	ช	ร	เ	ค	ร
ฟ	ด	ถ	ว	ม	แ	ภ	ผ	น	ม	◌ึ	ท	ย	ธ	ผ
จ	า	ล	า	อ	ผ	ว	ซ	พ	ก	ผ	◌้	น	ซ	ว
ง	ษ	ง	◌้	◌ึ	ผ	แ	พ	ะ	น	ฝ	ญ	ง	น	ฟ
ญ	ล	ท	ข	ณ	ฉ	ฉ	ซ	อ	ศ	ย	ป	◌ุ	◌๋	ย

ผึ้ง
เกษตรกรรม
ลา
กระทิง
สนาม
แมว
ม้า
แพะ
หมา
รั้ว
อีกา
น้ำ
ปุ๋ย
ฟาง
น้ำผึ้ง
ไก่
ข้าว
ฝูง
วัว
น่อง

69 - Café

ร	ม	ห	เ	น	ป	ฝ	เ	ภ	ผ	ก	ร	แ	า	ฟ
ฟ	า	อ	◌ิ	◌้	ฉ	ะ	ค	ฝ	ภ	ช	ร	ญ	ไ	ท
ไ	◌้	ค	ต	◌ำ	◌้	น	ร	อ	ศ	ล	เ	อ	ฉ	ะ
ก	ช	ต	า	ต	ฟ	ไ	◌ี	ค	ร	ธ	ฉ	บ	ง	เ
ซ	เ	ซ	ช	า	ข	ะ	◌่	ย	ญ	ฉ	◌ำ	ด	◌ี	ส
ฟ	ต	ะ	ส	ล	พ	ห	อ	ว	ว	ด	ะ	ฉ	อ	ซ
ภ	ฟ	ะ	ร	แ	บ	ญ	ง	จ	ผ	ส	ซ	ด	า	ญ
ด	ญ	ม	ศ	ถ	ล	ม	ด	ช	ห	ท	ถ	ห	ต	เ
◌ี	ช	ว	ญ	ค	ะ	ซ	◌ี	บ	บ	า	ศ	ท	ค	ฟ
◌่	ฉ	ไ	ง	ต	ถ	ษ	◌่	ข	อ	ง	เ	ห	ล	ว
ม	ถ	ข	บ	ร	ต	แ	ม	ม	ศ	ฟ	ว	น	ป	ท
เ	ช	◌้	ค	ร	◌ี	ม	อ	ห	น	◌่	◌ิ	ล	ก	◌ี
ด	ว	ร	ว	ไ	ะ	น	◌ี	อ	ฟ	เ	า	ค	ฝ	◌่
ท	ต	ไ	ง	ย	ภ	ด	ณ	ท	ข	ถ	เ	า	ษ	ม
ก	ย	า	ล	ห	ก	า	ล	ห	ม	า	ว	ค	ก	า

ขม
กลิ่นหอม
ดื่ม
เครื่องดื่ม
คาเฟอีน
ครีม
น้ำ
กรอง
นม
ของเหลว
เช้า
บด
สีดำ
ที่มา
ราคา
รสชาติ
น้ำตาล
ถ้วย
ความหลากหลาย

70 - Antarctique

ฉ	ม	ผ	ษ	บ	ศ	จ	ห	ข	บ	ไ	ห	ฉ	ธ	ด
ด	ญ	พ	ะ	น	ร	ท	◌ุ	ม	ส	บ	า	ค	ค	ท
ห	ถ	ษ	ข	◌ำ	ฉ	ม	◌ิ	ภ	◌ู	ห	ณ	◌ุ	อ	อ
ส	ญ	ต	ผ	ถ	◌้	ผ	ธ	ณ	ะ	◌่	ผ	ษ	ศ	ก
ง	ข	◌็	แ	◌ำ	◌้	น	ถ	ม	ย	ช	เ	◌์	ธ	ล
ซ	ร	◌์	ต	ส	า	ศ	ม	◌ิ	◌ู	ภ	ฉ	ก	น	ฟ
ย	◌ุ	า	ถ	ย	ย	า	◌้	ย	ก	ย	โ	ร	า	ก
ก	ข	ท	ว	◌ี	ป	พ	ต	ญ	ข	ห	เ	◌ั	ไ	ะ
ร	ร	◌์	ย	◌ี	ซ	เ	า	ล	ก	ไ	ย	◌ุ	น	ไ
ล	ะ	ก	า	ร	เ	ด	◌ิ	น	ท	า	ง	น	ง	ธ
ส	◌ิ	◌่	ง	แ	ว	ด	ล	◌้	อ	ม	ษ	อ	ญ	เ
อ	า	ะ	ผ	ร	แ	ร	◌่	ธ	า	ต	◌ุ	ร	ไ	ค
ถ	◌่	น	◌ั	ก	ว	◌ิ	จ	◌ั	ย	ศ	า	า	ธ	ข
ฉ	ฟ	า	ว	า	ล	ป	พ	ไ	ม	ถ	ร	ก	ถ	ก
ซ	บ	ป	ว	ว	◌ิ	ท	ย	า	ศ	า	ส	ต	ร	◌์

อ่าว
ปลาวาฬ
นักวิจัย
การอนุรักษ์
ทวีป
น้ำ
สิ่งแวดล้อม
การเดินทาง
ภูมิศาสตร์
น้ำแข็ง
กลาเซียร์
หมู่เกาะ
การโยกย้าย
แร่ธาตุ
นก
คาบสมุทร
ขรุขระ
วิทยาศาสตร์
อุณหภูมิ

71 - Professions #2

บ	น	น	◌ั	ก	ป	ร	◌ั	ช	ญ	า	น	ต	ท	แ
ส	ร	◌ั	ช	ย	◌์	ท	พ	แ	ย	ล	◌ั	ศ	◌ั	พ
◌ี	ย	ร	ก	◌่	ส	ก	ข	ค	ช	เ	ก	ผ	น	ท
ก	ศ	ผ	ณ	ป	า	บ	ซ	ร	ภ	ภ	บ	◌ู	ต	ย
◌ั	ศ	ญ	ต	า	ร	ง	ท	ห	ฝ	ฉ	◌ิ	◌้	แ	◌์
น	ญ	ฉ	ศ	ษ	ร	ะ	ภ	ต	ท	ย	น	ส	พ	ะ
ค	น	ส	ว	น	ท	◌ั	ด	า	ฉ	บ	บ	อ	ท	บ
น	◌ั	ก	ข	◌่	า	ว	ก	◌ิ	พ	ถ	ณ	บ	ย	เ
จ	◌ิ	ต	ร	ก	ร	พ	ฉ	ษ	ษ	อ	ธ	ส	◌์	ฉ
ด	อ	ร	ค	ร	◌ู	เ	ถ	ช	◌์	ฐ	ะ	ว	ญ	ญ
น	◌ั	ก	ช	◌ี	ว	ว	◌ิ	ท	ย	า	◌์	น	ร	ภ
ป	ษ	ว	ไ	ผ	ถ	ย	น	◌ั	ก	ว	◌ิ	จ	◌ั	ย
ะ	บ	ศ	ศ	น	◌ั	ก	บ	◌ิ	น	อ	ว	ก	า	ศ
ย	ภ	◌ิ	น	◌ั	ก	ส	◌ั	ต	ว	ว	◌ิ	ท	ย	า
า	ไ	ว	ว	ฝ	ฉ	จ	ส	ผ	ษ	ไ	ย	อ	ธ	เ

นักบินอวกาศ
บรรณารักษ์
นักชีววิทยา
นักวิจัย
ศัลยแพทย์
ทันตแพทย์
นักสืบ
ผู้สอบสวน
ครู
วิศวกร
นักประดิษฐ์
คนสวน
นักข่าว
แพทย์
จิตรกร
นักปรัชญา
ช่างภาพ
นักบิน
นักสัตววิทยา

72 - Les Abeilles

จ	ธ	ช	ภ	ษ	ส	ห	ภ	ฝ	ว	ส	ไ	ณ	ภ	ไ
เ	ะ	ล	ร	จ	ว	ษ	ห	ไ	◌ู	ณ	ร	เ	ฝ	ธ
ผ	ถ	พ	ษ	◌ั	น	ค	บ	ร	ด	ง	ณ	แ	ข	ผ
ณ	ญ	ห	ด	ร	ง	ร	ะ	บ	บ	น	◌ิ	เ	ว	ศ
ไ	ม	ไ	ศ	อ	พ	น	ล	จ	ซ	◌์	ศ	ผ	ท	น
ซ	จ	ด	ฟ	ร	ก	อ	ด	า	า	ช	แ	ม	ล	ง
ธ	ก	ช	ญ	ต	◌ี	ไ	พ	◌ื	ช	ย	ะ	ภ	ฟ	ม
ไ	น	ไ	ศ	ธ	ป	ฉ	ม	ฉ	ผ	โ	ญ	อ	ศ	เ
ข	◌ี	◌้	ผ	◌ึ	◌้	ง	ย	◌้	ว	ะ	บ	ก	ภ	ศ
ด	ว	ง	อ	า	ท	◌ิ	ต	ย	◌์	ร	า	ห	า	อ
ผ	ร	ช	ฉ	ค	ว	◌ี	น	ฉ	พ	ป	ผ	ม	ช	ซ
ผ	ล	ไ	ม	◌้	ห	ธ	ไ	ด	ไ	น	ณ	ล	ค	แ
น	◌้	◌ำ	ผ	◌ึ	◌้	ง	ช	ร	น	◌็	อ	ป	ว	ห
ญ	บ	ฉ	จ	ล	ข	ม	ฉ	ะ	ล	ป	ญ	บ	◌ั	า
ธ	ต	เ	ด	ญ	จ	ภ	ษ	ณ	ส	เ	ผ	พ	น	พ

ปีก
เป็นประโยชน์
ขี้ผึ้ง
ฝูง
ระบบนิเวศ
ดอก
ดอกไม้
ผลไม้
ควัน
แมลง
สวน
น้ำผึ้ง
อาหาร
พืช
เรณู
ควีน
รัง
ดวงอาทิตย์

73 - Santé et Bien Être #2

ถ	ย	น	้	ำ	ห	น	ั	ก	ส	อ	ฝ	ญ	ว	ธ
ะ	า	ว	ิ	ต	า	ม	ิ	น	ุ	บ	า	ล	อ	พ
ค	ก	ร	ผ	บ	ฝ	ฉ	พ	ข	ข	ว	แ	ห	เ	ถ
ด	ง	ผ	ช	ณ	ธ	ภ	ร	บ	อ	เ	ข	ะ	า	ม
ก	า	ร	ก	ู	้	ค	ื	น	น	ล	็	ม	ป	ร
โ	่	ี	ร	อ	ล	ค	แ	ข	า	ี	ง	ส	ำ	ว
ก	ร	ม	ธ	ษ	ว	พ	ก	เ	ม	อ	แ	ซ	้	ญ
ญ	ฝ	ง	ถ	ษ	ภ	อ	แ	ฟ	ั	ด	ร	ธ	น	ฉ
ม	ร	ไ	พ	ธ	ป	พ	พ	ไ	ย	ถ	ง	จ	ย	ญ
ป	า	ช	ฉ	ย	ค	ว	า	ม	ก	ร	ะ	ห	า	ย
ไ	ร	์	ต	ส	า	ศ	ธ	ุ	น	ั	พ	ข	ค	บ
บ	ณ	ด	ว	ถ	จ	บ	ม	ช	โ	ส	ห	ป	ร	บ
พ	ล	ั	ง	ง	า	น	า	ห	อ	ร	ข	ถ	า	ศ
น	ว	ด	ณ	ข	ธ	ถ	ช	ล	ธ	ท	ค	ภ	ก	เ
โ	ภ	ช	น	า	ก	า	ร	ภ	ู	ม	ิ	แ	พ	้

ภูมิแพ้
ความกระหาย
แคลอรี่
ร่างกาย
การคายน้ำ
อาหาร
พลังงาน
พันธุศาสตร์
โรงพยาบาล
สุขอนามัย
โรค
นวด
โภชนาการ
น้ำหนัก
การกู้คืน
แข็งแรง
เลือด
วิตามิน

74 - Conduite

ถ	ร	ถ	ผ	ญ	ณ	ไ	เ	ห	ห	ค	อ	เ	อ	ณ
ป	น	ล	า	ฝ	ย	ห	ท	ศ	ส	ว	◌ุ	บ	◌ั	า
เ	ฟ	น	ซ	ส	ฟ	า	ด	จ	ถ	า	บ	ร	น	ค
เ	ช	◌ื	◌้	อ	เ	พ	ล	◌ิ	ง	ม	◌ั	ค	ต	ว
ก	า	ร	จ	ร	า	จ	ร	โ	ค	เ	ต	◌์	ร	า
ร	ถ	ศ	ล	ค	ม	ก	ภ	ร	ร	ร	◌ิ	ง	า	ม
ไ	ถ	◌่	◌ี	ท	น	ผ	แ	ง	ล	◌็	เ	ม	ย	ป
บ	ส	บ	ฝ	ะ	ไ	เ	ถ	ร	ง	ว	ห	โ	ย	ล
อ	ห	ต	ร	ถ	พ	พ	ด	ถ	◌่	แ	ต	◌ุ	ศ	อ
น	ม	◌ำ	ช	ร	ห	ม	ภ	◌ิ	ส	ร	◌ุ	อ	ย	ด
◌ุ	เ	ร	ม	พ	ท	ฉ	ป	ศ	น	ฟ	ล	ษ	ธ	ภ
ญ	ป	ว	ฝ	ธ	ฉ	◌ุ	ร	ณ	ข	เ	ค	ว	ด	◌ั
า	ซ	จ	ภ	ข	ส	◌๊	ก	แ	ร	เ	ท	ย	จ	ย
ต	ณ	ง	ร	บ	ท	น	ท	ณ	า	จ	ช	◌้	น	ฟ
ท	ภ	ป	ษ	ซ	ง	ย	ส	อ	ก	แ	ว	ก	า	ฉ

อุบัติเหตุ
รถบรรทุก
เชื้อเพลิง
แผนที่
อันตราย
เบรค
โรงรถ
แก๊ส
ใบอนุญาต
คนเดินเท้า
ตำรวจ
ถนน
ความปลอดภัย
การจราจร
การขนส่ง
อุโมงค์
ความเร็ว
รถ

75 - Plantes

ผ	ณ	ไ	พ	ศ	ไ	เ	จ	ด	ว	ะ	ร	ผ	ผ	ผ
ซ	แ	ใ	ฤ	ร	ร	า	ก	ผ	ห	ป	◌ี	ห	ส	พ
ผ	ค	ค	ก	บ	ย	ถ	◌ั	◌่	ว	เ	◌่	ฝ	ซ	◌ี
ป	ม	ง	ษ	ด	ก	ะ	ผ	ไ	◌ี	ญ	◌์	ป	แ	ช
◌ุ	◌้	ย	ศ	า	ท	ว	ย	◌้	ฝ	ว	ร	ธ	บ	ป
◌๋	ไ	ห	า	◌่	ป	า	◌้	ม	ไ	ก	อ	ด	ง	ศ
ย	น	ว	ส	บ	ช	ะ	ป	ไ	ฟ	ธ	บ	ไ	ฟ	บ
พ	◌้	ซ	ต	โ	บ	◌ิ	ต	เ	ธ	ผ	เ	ท	ฝ	แ
ด	ต	ณ	ร	ก	ห	ฝ	ณ	ท	ส	ผ	บ	ท	ไ	ล
ป	ต	ถ	◌์	◌์	พ	ญ	ณ	ค	ช	ท	ช	เ	ฟ	ภ
ญ	ณ	ล	ล	ส	ณ	ก	◌้	ม	ไ	บ	ใ	ท	ล	ะ
ค	ก	ฉ	จ	ส	เ	ห	ณ	า	ก	ซ	ห	ซ	อ	ค
ก	ร	ะ	บ	อ	ง	เ	พ	ช	ร	ล	ร	ผ	ร	ณ
ย	ภ	ฝ	ร	ม	ย	จ	ถ	◌ุ	ย	ไ	◌ี	า	า	ส
ฝ	แ	ศ	ใ	ร	ข	ด	า	บ	พ	ผ	ล	บ	น	ล

ต้นไม้
เบอร์รี่
ไม้ไผ่
พฤกษศาสตร์
บุช
กระบองเพชร
ปุ๋ย
ใบไม้
ดอกไม้
ฟลอรา

ป่า
เติบโต
ถั่ว
หญ้า
สวน
ไอวี่
มอสส์
กลีบ
ราก
พืช

76 - Ferme #2

จ	ง	ร	ร	เ	ใ	ษ	ข	ธ	อ	ค	ฉ	ใ	ล	ข
ใ	ภ	ใ	ไ	ต	ป	า	า	ณ	ภ	น	ก	ก	◌ู	◌้
บ	◌้	ม	ไ	ล	ผ	น	ว	ส	พ	เ	ด	ว	ก	า
แ	ร	เ	ษ	ข	ญ	ง	◌้	ม	ไ	ล	ผ	ช	แ	ว
ท	เ	ป	◌็	ด	ข	ร	ใ	พ	ภ	◌ี	ข	◌์	ก	ส
ส	◌ุ	ข	◌้	า	ว	โ	พ	ด	บ	◌้	ก	ร	ะ	า
ว	ฝ	◌่	แ	ย	ม	ล	ย	ป	ใ	ย	พ	อ	ห	ล
ษ	ฟ	จ	ง	ผ	◌ื	◌้	ง	◌ั	ร	ง	ป	ต	อ	◌ี
ศ	ข	จ	พ	ห	อ	า	ห	า	ร	แ	ท	เ	ะ	ถ
ล	พ	ล	ผ	ม	ญ	ธ	ง	ะ	ภ	ก	ฟ	ก	เ	ภ
ว	ผ	า	ย	จ	ย	◌้	ค	ว	ญ	ะ	ด	ร	ส	แ
ใ	ค	ม	น	จ	ว	ศ	า	ฝ	ซ	ก	ก	ท	◌ั	ต
ร	น	า	ท	ะ	ร	ป	ล	ช	ผ	ใ	บ	แ	ต	ษ
บ	า	ร	◌์	เ	ล	◌่	ย	◌์	◌ั	ษ	ห	ถ	ว	ศ
น	ภ	ช	า	ว	น	า	ธ	ษ	ก	จ	ค	ร	◌์	ใ

ลูกแกะ
ชาวนา
สัตว์
คนเลี้ยงแกะ
ข้าวสาลี
เป็ด
ผลไม้
โรงนา
ชลประทาน
นม
ลามา
ผัก
ข้าวโพด
แกะ
อาหาร
บาร์เลย์
ทุ่งหญ้า
รังผึ้ง
รถแทรกเตอร์
สวนผลไม้

77 - Vacances #2

ห	ช	า	ว	ต	◌่	า	ง	ช	า	ต	◌ิ	แ	ว	ร
ก	ท	ะ	เ	ล	พ	อ	ษ	ธ	ศ	ผ	ะ	ผ	ช	แ
ร	◌้	า	น	อ	า	ห	า	ร	เ	ไ	ค	น	ธ	ท
ไ	ท	◌์	น	◌็	ต	เ	ข	ร	า	า	เ	ท	ะ	◌็
ไ	ต	ด	ษ	ฝ	ธ	จ	ว	ค	ฟ	ล	ะ	◌ี	ซ	ก
เ	ส	น	า	ม	บ	◌ิ	น	ล	ง	ช	จ	◌่	ภ	ซ
ก	ณ	ว	ไ	ช	จ	ผ	ะ	โ	า	ร	ถ	ไ	ฟ	◌ี
า	ซ	ถ	◌ั	ส	จ	ศ	เ	ร	ท	ว	ง	ร	ร	◌่
ะ	ช	ย	ข	น	พ	ฟ	บ	ง	ย	บ	◌่	จ	อ	ง
เ	ย	า	ธ	ย	ห	ท	ธ	แ	า	ล	ส	า	ไ	ธ
ท	ต	◌่	ย	ภ	ฝ	ย	ห	ร	ล	ภ	น	ซ	ง	ณ
ถ	ข	ถ	ต	ห	ซ	ข	◌ุ	ม	ป	◌ู	ข	◌่	ธ	ย
ช	เ	พ	บ	ณ	า	ะ	ธ	ด	ม	เ	ร	◌ี	า	บ
ธ	ว	า	ม	ช	ก	ด	ห	ณ	ศ	ข	า	ว	จ	ฝ
ซ	า	ภ	ค	จ	ศ	ม	ซ	แ	ส	า	ก	ก	เ	ถ

สนามบิน
แผนที่
ปลายทาง
ชาวต่างชาติ
โรงแรม
เกาะ
เวลาว่าง
ทะเล
ภูเขา
ภาพถ่าย
ชายหาด
ร้านอาหาร
จอง
แท็กซี่
เต็นท์
รถไฟ
การขนส่ง
วันหยุด
วีซ่า

78 - Temps

ว	ง	ท	เ	ป	แ	ข	ด	ท	ะ	ท	ป	ไ	ช	ญ
ซ	ต	ะ	ม	ป	ฏ	อ	น	า	ค	ต	ร	น	◌ั	น
ศ	น	ว	◌ี	า	ษ	◌ิ	ฝ	ก	ด	ร	ะ	ไ	◌่	ไ
ญ	ง	ย	◌่	◌ี	ท	เ	ท	ป	ว	อ	จ	ม	ว	ถ
ก	ม	ม	อ	ถ	ห	ห	ฝ	◌ิ	ต	ะ	◌ำ	◌่	โ	ส
ษ	ร	ร	ว	ศ	ท	ษ	ธ	ญ	น	ล	ป	ช	ม	◌ั
ด	เ	ศ	า	◌้	ช	เ	เ	ต	ร	อ	◌ี	◌้	ง	ป
ต	ท	ไ	น	ห	ล	◌ั	ง	จ	า	ก	◌่	า	ศ	ด
เ	ด	◌ื	อ	น	ศ	ต	ว	ร	ร	ษ	ต	ก	ผ	า
ว	ข	ล	ซ	ย	ว	ณ	ต	ฉ	ฉ	ค	อ	◌ิ	น	ห
ง	เ	ฝ	ร	ไ	ผ	ข	ษ	ต	ภ	ก	ไ	ฬ	า	◌์
ป	◌ี	ส	ด	ษ	ต	ณ	แ	ท	ด	พ	ฉ	า	ท	ท
ว	ท	ห	ป	ง	ก	ล	า	ง	ค	◌ื	น	น	◌ี	ซ
ร	◌ั	ส	ส	ะ	ร	จ	จ	เ	ษ	ล	ถ	ไ	ไ	ด
◌้	◌ี	น	น	อ	ต	า	ไ	ว	ข	ะ	ญ	ษ	ว	ว

ปี
ประจำปี
หลังจาก
ก่อน
ในไม่ช้า
ปฏิทิน
ทศวรรษ
อนาคต
ชั่วโมง
เมื่อวาน
นาฬิกา
วัน
ตอนนี้
เช้า
เที่ยง
นาที
เดือน
กลางคืน
สัปดาห์
ศตวรรษ

79 - Maison

ห	◌้	อ	ง	ไ	ต	◌้	ห	ล	◌ั	ง	ค	า	ว	ค
ป	ถ	ถ	ภ	ฝ	ณ	ร	บ	น	ษ	เ	ไ	ณ	ค	ร
ญ	ร	บ	แ	ส	ธ	ย	ม	ฟ	เ	เ	ผ	ณ	ย	ฝ
ส	ง	ะ	ณ	ฝ	ย	◌์	ะ	ด	เ	ท	บ	ษ	พ	ท
ว	ร	ผ	ต	แ	ธ	◌ี	ศ	แ	ท	พ	ค	ป	ห	อ
ม	โ	ค	ด	◌ู	โ	ค	ม	ไ	ฟ	ษ	ด	ง	ฝ	า
ห	◌้	อ	ง	ส	ม	◌ุ	ด	ผ	ด	ณ	ล	า	ณ	บ
ค	ล	อ	ษ	ซ	ล	ท	ภ	ม	ซ	ผ	อ	ต	น	น
ร	ป	ร	พ	ห	า	ห	ฟ	ช	แ	ซ	ะ	◌่	า	◌้
◌ั	ท	อ	ศ	ฟ	ภ	ช	ท	ธ	ษ	ะ	ล	า	ม	◌ำ
ว	ว	ไ	ม	◌้	ก	ว	า	ด	บ	ม	ป	◌้	◌่	ส
ห	◌้	ฉ	ภ	ณ	จ	ง	◌ิ	ผ	า	ต	เ	น	า	ว
ว	◌ั	ล	ญ	ท	ะ	อ	ย	ณ	น	ร	จ	ห	◌้	น
พ	ร	ม	ะ	จ	ร	◌้	ษ	ไ	แ	◌ั	า	ด	ผ	ถ
ญ	ต	ไ	ถ	ช	ก	ห	ะ	ภ	า	ค	ง	◌ั	ล	ห

ไม้กวาด
ห้องสมุด
ห้อง
เตาผิง
คีย์
รั้ว
ครัว
อาบน้ำ
หน้าต่าง
โรงรถ
ห้องใต้หลังคา
สวน
โคมไฟ
กระจก
ผนัง
เพดาน
ประตู
ผ้าม่าน
พรม
หลังคา

80 - Légumes

บ	ห	ป	ห	เ	แ	ง	ข	บ	ภ	ห	ป	จ	ข	า
ร	◌ั	น	◌ั	ห	ฉ	ฝ	ะ	◌ื	ผ	ห	น	ญ	ไ	ภ
อ	ว	ค	ว	◌็	ก	า	น	แ	◌้	◌ั	บ	ญ	อ	ส
ก	ผ	ผ	ห	ด	อ	ร	ห	ท	ข	น	ก	ฉ	ณ	ญ
โ	◌ั	ก	อ	ไ	ก	ล	ะ	ค	ะ	ฉ	ฉ	โ	ม	ไ
ค	ก	ต	ม	ฉ	ะ	ฝ	ร	เ	ญ	ล	อ	◌่	ข	จ
ล	ก	ไ	จ	ณ	ม	ฝ	ง	อ	ท	ก	◌ั	ฟ	า	ม
◌ี	า	ว	ก	ง	ต	แ	◌ิ	◌ี	อ	◌ี	ร	ไ	ท	ย
ก	ด	◌่	ส	ช	า	ว	ข	ข	ร	ท	ย	ม	◌้	ม
บ	ศ	◌ั	ณ	ห	อ	ม	ต	เ	ค	ะ	ม	ม	เ	ณ
ะ	ะ	ถ	ส	ล	◌ั	ด	ษ	ะ	แ	จ	ศ	ฉ	ช	ซ
อ	า	ต	◌ิ	โ	ช	◌๊	ค	ม	ต	ไ	ท	แ	ไ	อ
ม	ะ	เ	ข	◌ื	อ	เ	ท	ศ	ญ	ย	ว	ห	ว	ย
ไ	ป	ไ	ญ	น	ง	ร	◌ั	◌่	ฝ	ช	◌ี	ก	◌ั	ผ
ว	ล	ภ	ะ	อ	ค	ญ	แ	ว	ย	ซ	แ	ม	ห	ซ

กระเทียม
อาติโช้ค
มะเขือ
บรอกโคลี
แครอท
ขึ้นฉ่าย
เห็ด
ฟักทอง
แตงกวา
หอม
ผักโขม
ขิง
หัวผักกาด
หัวหอม
มะกอก
ผักชีฝรั่ง
ถั่ว
หัวไชเท้า
สลัด
มะเขือเทศ

81 - Famille

บ	ฟ	น	◌้	อ	ง	ช	า	ย	า	ย	ล	◌ุ	ง	ล
ร	ฟ	ว	า	ส	น	า	ล	ห	ม	แ	ร	ย	ก	◌ู
ร	บ	า	◌้	ล	พ	◌่	อ	ล	ส	า	ถ	ช	น	ก
พ	ร	ส	ป	เ	ห	ม	ง	า	เ	า	ร	ฟ	ส	พ
บ	เ	ก	◌็	ด	เ	แ	ถ	น	แ	ไ	ม	ด	ว	◌ี
◌ุ	ล	◌ู	จ	ม	ป	ถ	พ	ช	ธ	ะ	แ	◌ี	า	◌่
ร	ย	ล	ส	ไ	ม	ร	ช	า	ร	ว	อ	ฟ	ส	ล
◌ุ	ด	ฝ	า	า	ต	ย	ถ	ย	ด	◌ั	ไ	ข	ง	◌ู
ษ	ด	แ	ป	ษ	ป	ศ	ผ	ซ	ษ	ย	ผ	ณ	อ	ก
ส	ห	ก	◌ู	ณ	ท	ซ	ฟ	ง	ภ	เ	แ	ค	◌้	น
ศ	ษ	ค	◌่	ศ	ญ	ะ	น	แ	ร	ด	ภ	ว	น	◌้
ถ	ญ	ม	ส	ฝ	า	แ	ฝ	ด	ร	◌็	ม	ธ	ช	อ
ฝ	ส	ศ	ช	ร	อ	ศ	อ	บ	ย	ก	น	ฝ	ฟ	ง
ง	ะ	ล	ไ	ต	แ	ณ	ห	ล	า	า	ย	ศ	แ	ค
เ	อ	ไ	ไ	ไ	ไ	ท	ศ	ว	บ	บ	ฝ	ฝ	ศ	ษ

บรรพบุรุษ
ลูกพี่ลูกน้อง
วัยเด็ก
เด็ก
ภรรยา
ลูกสาว
น้องชาย
ยาย
ปู่
ฝาแฝด
สามี
มารดา
แม่
หลานชาย
หลานสาว
ลุง
พ่อ
หลาน
น้องสาว
ป้า

82 - Oiseaux

น	า	ง	น	ว	ล	ก	ร	ะ	จ	อ	ก	น	น	ห
ฟ	ล	า	ม	◌ิ	ง	โ	ก	ม	ต	ม	ว	ก	ไ	ช
ท	อ	พ	เ	ป	บ	ห	เ	น	ท	ก	อ	ก	ฝ	ถ
น	ก	พ	◌ิ	ร	า	บ	ง	อ	บ	ร	◌ิ	ร	ป	ถ
ค	จ	ถ	ป	ไ	ห	ม	ก	ส	ท	ะ	น	ะ	ล	ฟ
น	ก	ก	า	เ	ห	ว	◌่	า	◌์	ส	ท	ท	น	ค
ห	◌่	า	น	ค	แ	◌ู	ท	แ	ช	า	ร	◌ุ	จ	า
น	ก	ก	ร	ะ	จ	อ	ก	เ	ท	ศ	◌ี	ง	ษ	ณ
ธ	◌ิ	ม	ป	ไ	ศ	ไ	อ	ต	ไ	ภ	ศ	น	ท	จ
ล	ผ	ว	แ	ศ	ณ	ข	◌ี	ล	ว	อ	◌่	ก	ไ	ก
น	ก	แ	ก	◌้	ว	◌่	ก	ฉ	อ	ฝ	เ	ก	ช	อ
ท	ร	ป	ภ	น	า	น	า	ย	ฟ	ง	ส	ร	ห	ง
น	ก	ย	◌ู	ง	พ	ป	ษ	ธ	ฝ	ผ	ไ	ะ	ต	ธ
ม	ป	ษ	ด	◌็	ป	เ	ป	ส	ข	ญ	บ	ส	ร	ภ
ษ	ห	ก	ร	ธ	ส	ท	ษ	ป	บ	ะ	ญ	า	ณ	ญ

อินทรี
นกกระจอกเทศ
เป็ด
นกกระสา
นกพิราบ
อีกา
นกกาเหว่า
หงส์
ฟลามิงโก
กระสา
เพนกวิน
กระจอก
นางนวล
ไข่
ห่าน
นกยูง
นกแก้ว
นกกระทุง
ไก่
ทูแคน

83 - Disciplines Scientifiques

น	อ	◌ุ	ต	◌ุ	น	◌ิ	ย	ม	ว	◌ิ	ท	ย	า	ภ
ร	◌ิ	ก	ข	พ	ม	ถ	ช	า	บ	พ	ว	โ	ย	า
◌์	ฟ	เ	อ	ซ	◌ี	ฉ	พ	ช	ว	พ	ล	บ	ท	ษ
ต	ฝ	ป	ว	ฟ	ค	ก	ส	ฉ	ผ	อ	ป	ร	ว	า
ส	ข	ษ	ห	ศ	เ	ง	ล	ย	ะ	จ	ฟ	า	◌ิ	ศ
า	เ	ค	ไ	ถ	ว	ษ	ม	ศ	ย	ฟ	ม	ณ	ม	า
ศ	แ	ค	ภ	ค	◌ี	◌ิ	ท	ง	า	เ	ถ	ค	ค	ส
ล	ย	ต	ม	ไ	ช	ไ	ท	า	ว	ส	ณ	ด	ง	ต
พ	ข	ภ	ห	◌ี	ซ	ด	ษ	ย	ธ	ด	ต	◌ี	◌ั	ร
ห	◌ุ	◌่	น	ย	น	ต	◌์	ท	า	ฝ	เ	ร	ส	◌์
ณ	ไ	ง	ม	ว	า	ย	ท	ว	◌ิ	ต	◌ิ	จ	◌์	น
◌ุ	ณ	ฉ	า	า	ย	ท	ว	◌ิ	ร	◌ี	ร	ส	ผ	อ
อ	ผ	อ	า	า	ย	ท	◌ิ	ว	ท	า	ส	ะ	ร	ป
แ	ร	◌่	ว	◌ิ	ท	ย	า	◌ี	ถ	ฉ	ธ	ฝ	ป	อ
ษ	ร	ณ	ร	า	ก	า	น	ช	ภ	โ	ข	ไ	ย	ญ

โบราณคดี
ชีวเคมี
ชีววิทยา
เคมี
นิเวศวิทยา
ภาษาศาสตร์
กลศาสตร์
อุตุนิยมวิทยา
แร่วิทยา
ประสาทวิทยา
โภชนาการ
สรีรวิทยา
จิตวิทยา
หุ่นยนต์
สังคมวิทยา
อุณหพลศาสตร์

84 - Maladie

ภ	◌ู	ม	◌ิ	ค	◌ุ	◌้	ม	ก	◌ั	น	เ	โ	า	ท
ท	า	ง	พ	◌ั	น	ธ	◌ุ	ก	ร	ร	ม	ร	า	◌้
ก	ร	ร	ม	พ	◌ั	น	ธ	◌ุ	◌์	ก	ถ	ค	ฉ	อ
ก	า	ร	อ	◌ั	ก	เ	ส	บ	ฝ	ษ	ห	ต	ก	ง
ด	ว	ต	ซ	อ	ญ	ว	ร	พ	◌้	แ	ม	◌ิ	◌ู	ภ
เ	พ	ค	ช	แ	า	ส	◌่	ล	ค	ข	ช	ด	ด	ข
ม	ร	ด	โ	น	◌ิ	ซ	า	ห	◌ุ	ต	ง	ต	ะ	ค
า	ธ	◌ื	จ	อ	ด	ช	ง	ภ	า	ม	ค	◌่	ร	เ
แ	ญ	ร	◌้	◌่	ข	จ	ก	อ	ห	ย	บ	อ	ก	ป
พ	ส	อ	ห	อ	ษ	ไ	า	อ	ฉ	อ	ไ	า	ย	ฝ
ซ	ด	ต	บ	ย	ร	ส	ย	ศ	บ	ไ	ษ	จ	ร	ญ
ธ	ด	อ	ป	บ	ก	◌ั	ว	ย	◌่	◌ี	ก	เ	พ	◌์
ฝ	ม	ผ	ศ	ษ	ม	น	ง	ส	◌ุ	ข	ภ	า	พ	น
ซ	ค	ป	ล	ป	ร	ซ	ร	ห	◌ั	ว	ไ	จ	ซ	ศ
บ	ภ	ป	ฝ	เ	น	ไ	ก	า	ร	บ	◌ำ	บ	◌ั	ด

ท้อง
ภูมิแพ้
เรื้อรัง
โรคติดต่อ
ร่างกาย
หัวใจ
อ่อนแอ
ทางพันธุกรรม
กรรมพันธุ์
ภูมิคุ้มกัน
การอักเสบ
ลุมบาร์
กระดูก
เกี่ยวกับปอด
หายใจ
สุขภาพ
ไซนัส
ซินโดรม
การบำบัด

85 - Univers

ะ	ด	อ	ไ	ม	ว	ร	พ	ย	ฟ	ค	ข	ร	ร	ย
ท	า	ไ	า	ด	◌ู	ง	◌ั	ฟ	ร	ภ	อ	◌์	า	ฉ
พ	ร	ซ	ง	ย	ร	ย	โ	ผ	ษ	อ	บ	ต	ท	ง
ด	า	เ	บ	ษ	◌ั	ศ	แ	ค	ไ	อ	ฟ	ส	ย	ถ
ว	ศ	ก	ส	า	ผ	น	ท	ฝ	จ	ผ	◌้	า	น	ม
ง	า	ว	พ	◌้	ซ	ษ	ว	ฉ	น	ร	า	ศ	ต	อ
จ	ส	แ	แ	ฝ	น	บ	ร	ร	ย	า	ก	า	ศ	ง
◌ั	ต	ร	ช	ญ	ร	แ	ม	บ	ท	ภ	ส	ร	ก	เ
น	ร	เ	อ	◌ี	ย	ง	ว	ไ	◌้	ร	บ	า	า	ห
ท	◌์	ซ	◌ี	ก	โ	ล	ก	ง	อ	ห	ร	ด	แ	◌็
ร	ล	ะ	ต	◌ิ	จ	◌ู	ด	ม	ง	ซ	ส	ก	ล	น
◌์	จ	◌ั	ก	ร	ร	า	ศ	◌ี	ฟ	ย	ธ	◌ั	ก	ไ
ป	ง	ณ	ส	ษ	ม	ร	ข	ย	◌้	ห	น	น	ซ	ด
ต	อ	น	ธ	เ	ด	◌ื	ม	ม	า	ว	ค	า	◌ี	◌้
เ	ส	◌้	น	ศ	◌ู	น	ย	◌์	ส	◌ู	ต	ร	◌่	ษ

นักดาราศาสตร์
ดาราศาสตร์
บรรยากาศ
ท้องฟ้า
ฟังดู
เส้นศูนย์สูตร
กาแลกซี่
ซีกโลก
ขอบฟ้า
เอียง
ละติจูด
เส้นแวง
ดวงจันทร์
ความมืด
วงโคจร
อายัน
มองเห็นได้
จักรราศี

86 - Géographie

ล	ะ	ต	◌ิ	จ	◌ู	ด	ธ	ล	ฝ	ภ	ฉ	ร	ท	ธ
ม	ห	า	ส	ม	◌ุ	ท	ร	ห	จ	ศ	◌ู	เ	ข	อ
ส	น	ช	เ	ม	ก	ะ	แ	ธ	พ	ผ	เ	เ	ช	เ
อ	ส	า	ก	เ	ล	ต	ผ	ธ	ก	ล	โ	ฟ	ข	ษ
ล	า	ธ	า	ศ	โ	อ	น	◌ื	ห	เ	ศ	◌ิ	ท	า
จ	ล	ณ	ะ	ศ	ก	ภ	ท	◌ั	ก	ะ	ภ	า	ค	ย
◌้	ต	ไ	า	ท	◌ี	บ	◌ี	ป	ว	ท	ม	ว	ไ	ฉ
ง	อ	◌ื	ม	เ	ซ	บ	◌่	แ	ด	ะ	ฝ	ศ	ข	ห
ด	แ	บ	ญ	ะ	ข	ข	ช	ม	ข	อ	ต	ะ	ข	แ
ภ	ช	ส	ป	ร	ง	ต	พ	◌่	ศ	ฟ	ส	ผ	ส	ผ
แ	ณ	ผ	ส	ป	◌ี	ว	ท	น	ฟ	ฟ	ส	ค	ฉ	ไ
ด	ก	ค	ก	ท	ส	ถ	ข	◌้	า	เ	ร	ภ	ไ	ซ
จ	ด	ด	ม	า	ข	ณ	ฟ	◌ำ	ว	ธ	ภ	ห	ฟ	อ
ผ	ไ	ฝ	ร	ะ	ด	◌ั	บ	ค	ว	า	ม	ส	◌ู	ง
เ	ม	อ	ร	◌ิ	เ	ด	◌ี	ย	น	ล	เ	ะ	ป	ท

ระดับความสูง
แอตลาส
แผนที่
ทวีป
แม่น้ำ
ซีกโลก
เกาะ
ละติจูด
ทะเล
เมอริเดียน
โลก
ภูเขา
ทิศเหนือ
มหาสมุทร
ตะวันตก
ประเทศ
ภาค
ใต้
อาณาเขต
เมือง

87 - Bâtiments

ม	ร	แ	ง	ร	โ	ณ	ผ	โ	ศ	ข	ฟ	อ	ษ	ไ
์	ห	ภ	แ	ส	ม	ก	น	ร	ต	ณ	ร	ฟ	เ	ท
ร	ท	า	ส	า	ร	ป	ต	ง	ู	ไ	ฝ	ว	ข	จ
า	ห	อ	ว	ส	น	ม	้	เ	ท	์	ร	า	พ	อ
ฟ	้	ฟ	ธ	ิ	พ	บ	จ	ร	น	ต	ว	ต	ป	เ
ม	า	แ	ษ	า	ท	ภ	บ	ี	า	า	ญ	ด	ส	ต
ม	ง	ษ	ซ	ศ	ข	ย	ล	ย	ถ	บ	ไ	ช	น	็
า	ห	า	ฬ	ี	ก	ม	า	น	ส	ภ	เ	ฉ	ว	น
ท	โ	า	ฉ	ห	ถ	ห	บ	ล	โ	ร	ง	น	า	ท
โ	ร	ล	ว	ท	ด	ข	า	ฉ	ั	ะ	ธ	ด	ส	์
ร	ง	ง	ะ	ิ	แ	จ	ย	ย	ช	ย	อ	ค	อ	ห
ง	ล	ไ	ย	ซ	ห	ศ	พ	ห	อ	ด	ู	ด	า	ว
ร	ะ	ท	ญ	ฉ	ง	า	ง	โ	ร	ง	ง	า	น	แ
ถ	ค	ซ	ฟ	ห	ง	ภ	ร	น	ศ	ด	ค	น	ข	เ
ะ	ร	เ	อ	ภ	ไ	จ	โ	ล	พ	ข	ค	ถ	ภ	จ

สถานทูต
อพาร์ทเม้น
ห้าง
มหาวิหาร
ปราสาท
โรงเรียน
ฟาร์ม
โรงรถ
โรงนา
โรงพยาบาล
โรงแรม
หอดูดาว
สนามกีฬา
เต็นท์
โรงละคร
หอคอย
มหาวิทยาลัย
โรงงาน

88 - Livres

เ	ซ	ธ	ถ	ย	ผ	ต	ล	ช	เ	ม	ส	บ	ร	เ
ง	ร	ฟ	ร	ไ	◌ู	ร	ง	◌ุ	ะ	ข	ธ	บ	ไ	ร
ค	ว	ถ	ว	น	◌้	ร	พ	ด	อ	ถ	◌ี	ค	ต	◌ี
ห	ฟ	ง	ฟ	ไ	เ	ฝ	พ	ว	ท	ง	ภ	ย	ส	◌่
ล	จ	ห	ช	ด	ข	ะ	ม	เ	ศ	ซ	พ	แ	น	อ
ว	ธ	แ	แ	ฝ	◌ี	ว	ก	ท	บ	ต	ค	ค	ผ	ง
ง	อ	ข	◌้	ว	ย	ก	◌ี	◌่	เ	◌่	◌ี	ท	◌ู	ร
ต	ณ	ะ	แ	ธ	น	ฉ	จ	ว	ฉ	ม	แ	ว	◌้	า
า	ล	อ	ว	ห	ก	เ	ส	ฝ	เ	ห	ห	ไ	บ	ว
ว	ณ	ก	ก	ผ	น	ก	ล	อ	น	า	ค	ร	ร	ฝ
ไ	ง	ไ	ป	ก	ย	◌้	ม	ร	ร	ก	ณ	ร	ร	ว
ผ	◌ู	◌้	อ	◌่	า	น	า	ร	ว	า	ไ	ถ	ย	ญ
บ	ร	◌ิ	บ	ท	ย	ธ	ห	พ	า	พ	ง	แ	า	ญ
ห	ฝ	ฐ	◌์	ษ	◌ิ	ด	ะ	ร	ป	ย	ภ	ส	ย	ะ
อ	น	า	ถ	พ	น	ะ	แ	ส	ถ	◌์	พ	ก	ะ	ศ

ผู้เขียน
ชุด
บริบท
เขียน
มหากาพย์
เรื่องราว
ตลก
ประดิษฐ์
ผู้อ่าน
วรรณกรรม
ผู้บรรยาย
หน้า
ที่เกี่ยวข้อง
กลอน
บทกวี
นิยาย
อนาถ

89 - Pays #2

เ	ม	◌็	ก	ซ	◌ิ	โ	ก	พ	ง	ถ	ป	อ	ย	ไ
ค	บ	ษ	ส	◌์	ญ	◌ี	◌่	ป	◌ุ	◌่	น	◌ิ	◌ู	อ
ส	ไ	ซ	ร	น	ร	ค	เ	◌ู	ย	ด	ห	น	ก	ร
ซ	า	◌ั	ก	ม	ไ	า	จ	แ	ย	ถ	พ	โ	◌ั	◌์
ถ	◌ู	ฟ	ญ	น	ค	ฉ	ม	ะ	น	◌ิ	ฝ	ด	น	แ
โ	ป	ด	ง	ณ	ล	ท	ไ	น	ซ	ต	ร	น	ด	ล
ซ	เ	า	า	ฉ	พ	เ	ถ	◌ี	ด	ฮ	◌ั	◌ี	า	น
ม	ล	ร	ก	น	ล	า	ว	จ	ย	เ	◌่	เ	จ	ด
า	บ	◌ั	อ	◌ี	ล	ป	ษ	ค	ภ	น	ง	ซ	ม	◌์
เ	า	ส	ะ	ต	ส	ไ	ษ	ไ	ฝ	ญ	เ	◌ี	ษ	ว
ล	น	เ	อ	จ	ด	ถ	ล	ช	ไ	ช	ศ	ย	ม	ก
◌ี	อ	ซ	ธ	ธ	ง	จ	า	ษ	ไ	ก	ส	ข	ฝ	เ
ย	น	◌ี	ภ	ป	ค	ย	◌ี	น	เ	บ	เ	ล	อ	แ
ว	ย	ย	ร	◌ี	เ	◌ี	ซ	เ	ค	น	ย	า	ผ	ว
ษ	ล	ภ	ถ	เ	ฝ	แ	ค	ไ	ข	ณ	ด	ว	ช	ฝ

แอลเบเนีย
จีน
เดนมาร์ก
ฝรั่งเศส
เฮติ
อินโดนีเซีย
ไอร์แลนด์
จาไมก้า
ญี่ปุ่น
เคนยา
ลาว
เลบานอน
เม็กซิโก
ยูกันดา
ปากีสถาน
รัสเซีย
โซมาเลีย
ซูดาน
ซีเรีย
ยูเครน

90 - Fournitures d'Art

เ	ก	◌้	า	อ	◌ี	◌้	น	า	◌่	ถ	ม	โ	ญ	ฉ
ฟ	ท	◌ื	ร	ล	ด	ส	◌้	ก	ไ	ง	อ	ต	ช	ส
ฟ	พ	ฟ	ม	ธ	บ	ศ	◌ำ	ล	ข	ข	ะ	◌๊	ง	ะ
ภ	ส	ป	ษ	ห	ธ	ค	ม	◌้	ธ	ภ	ค	ะ	จ	ค
ต	ม	ฟ	ษ	ว	บ	อ	◌ั	อ	ก	ย	ร	ญ	ญ	ร
ต	ซ	ย	ฝ	ว	ไ	ช	น	ง	พ	ญ	◌ิ	ฝ	ม	ฝ
น	ศ	ภ	ด	ม	ซ	ผ	ญ	ค	ผ	◌์	ล	จ	บ	ช
จ	ส	ก	จ	ข	ไ	อ	เ	ด	◌ี	ย	◌ิ	ญ	น	ไ
ส	◌ี	น	◌้	◌ำ	ไ	ส	ร	ณ	ค	ล	ค	ด	ภ	ต
ะ	ศ	เ	แ	ธ	ว	น	ส	แ	ม	ค	ด	ณ	ล	เ
ธ	ณ	บ	ง	ฉ	ส	◌ิ	ส	ว	ร	เ	ช	ย	ศ	ศ
น	ฟ	ท	บ	อ	ผ	ด	ย	า	ง	ล	บ	ไ	ศ	ภ
◌้	า	ค	ษ	พ	ว	ณ	บ	ก	ร	ะ	ด	า	ษ	อ
◌ำ	ถ	ล	ญ	ล	า	ถ	ไ	ม	ป	ฉ	ภ	อ	บ	า
ข	า	ต	◌ั	◌้	ง	ส	ง	ค	แ	อ	ณ	ฟ	ฟ	บ

อะคริลิค
สีน้ำ
เคลย์
แปรง
กล้อง
เก้าอี้
ถ่าน
ขาตั้ง
กาว
สี
ดินสอ
น้ำ
หมึก
ยางลบ
น้ำมัน
ไอเดีย
กระดาษ
พาส
โต๊ะ

91 - Eau

ค	ง	อ	ล	ค	ฉ	ท	ม	ว	ท	◌่	◌ำ	◌้	น	ค
ล	ข	ไ	ต	◌ำ	ข	ไ	น	ห	อ	ค	ด	ส	◌้	ล
ม	ร	ส	◌ุ	ม	ธ	ภ	ค	น	า	บ	◌้	แ	◌ื	◌ื
เ	◌ำ	◌้	น	อ	ไ	า	เ	◌้	ค	ส	ไ	ไ	ช	◌่
ง	◌้	ป	ม	เ	แ	ท	ร	◌ำ	ว	ท	ม	ฉ	ญ	น
◌ำ	น	◌้	◌่	ม	แ	ะ	◌ิ	พ	า	ธ	◌่	◌ุ	เ	ร
ก	บ	ผ	ป	ภ	ไ	เ	อ	◌ุ	ม	ษ	◌ี	ช	ท	ส
ภ	า	ษ	ฟ	ไ	ค	ล	ฮ	ร	ช	น	ด	ง	แ	ร
ต	อ	ร	ะ	ง	ญ	ส	เ	◌้	◌ี	ฉ	ส	ง	า	ว
ย	ม	ย	ร	ก	ท	า	◌ุ	อ	◌้	ไ	ส	ไ	ฝ	ล
ช	ศ	ผ	า	ะ	บ	บ	ย	น	น	ะ	ซ	ว	ส	ร
พ	จ	ฟ	ก	ม	เ	ก	า	ฝ	น	จ	ม	บ	ม	อ
ถ	ว	ฉ	แ	◌ิ	ซ	ห	พ	น	◌้	◌ำ	แ	ข	◌็	ง
พ	ซ	ส	ง	ห	ง	ฝ	ย	ธ	ช	ญ	ล	ผ	ผ	ข
ช	ล	ป	ร	ะ	ท	า	น	ท	แ	ภ	ธ	บ	เ	ไ

คลอง
อาบน้ำ
การระเหย
แม่น้ำ
ลำธาร
น้ำพุร้อน
น้ำแข็ง
ชื้น
ความชื้น
น้ำท่วม
ชลประทาน
ทะเลสาบ
มรสุม
หิมะ
มหาสมุทร
พายุเฮอริเคน
ฝน
ดื่มได้
คลื่น
ไอน้ำ

92 - Jazz

ม	◌ี	ช	◌ี	◌่	อ	เ	ส	◌ี	ย	ง	ป	ว	อ	ะ
ภ	ต	แ	ฟ	ม	ร	ร	ม	ย	บ	ล	ฟ	ง	◌ั	ฟ
ด	ษ	จ	ศ	ห	ล	า	◌ู	ม	ช	พ	ศ	ด	ล	ส
ข	ะ	ถ	◌ั	ไ	ร	เ	ย	ป	ม	เ	ว	น	บ	ธ
ง	ร	ว	ต	ง	า	แ	ไ	ก	แ	ไ	อ	ต	◌ั	ป
ก	ย	ส	ร	อ	ห	ด	ศ	ไ	า	บ	ว	ร	◌้	ร
ด	ษ	ศ	ฝ	ล	ว	ว	ผ	ซ	แ	ร	บ	◌ี	ม	ะ
น	ฟ	า	า	ก	โ	ร	ะ	ส	ว	ด	โ	ย	◌์	เ
ต	เ	ถ	ไ	ณ	ณ	ศ	◌ิ	ล	ป	◌ิ	น	ป	ค	ภ
ร	ท	แ	ภ	ก	า	เ	ด	◌ี	◌่	ย	ว	ม	ร	ท
◌ี	ค	ฝ	ด	ณ	ภ	ฟ	ศ	ศ	ะ	ภ	ะ	บ	ร	ด
ร	น	ต	ร	◌์	◌ิ	ส	เ	น	อ	ค	ห	น	ว	ฟ
ช	◌ิ	ษ	ะ	ษ	ฎ	ร	า	ซ	ป	ร	ศ	ล	ส	ด
ศ	ค	จ	ญ	ค	ป	ไ	แ	ก	◌่	ะ	ข	ศ	ร	ท
ผ	น	◌ั	ก	แ	ต	◌่	ง	เ	พ	ล	ง	ล	พ	ฉ

อัลบั้ม
ศิลปิน
มีชื่อเสียง
เพลง
นักแต่งเพลง
คอนเสิร์ต
รายการโปรด
ประเภท
ปฏิภาณโวหาร
ดนตรี
ใหม่
วงดนตรี
จังหวะ
เดี่ยว
รูปแบบ
พรสวรรค์
กลอง
เทคนิค
แก่

93 - Paysages

ท	ช	ญ	ค	ไ	จ	โ	แ	ท	ษ	ว	บ	ท	บ	เ
ป	า	ก	น	้	ำ	อ	ไ	ส	ร	ง	ผ	ะ	า	น
ช	แ	ซ	ณ	ห	น	เ	ธ	ท	ท	จ	พ	เ	ส	ิ
จ	า	ห	บ	ซ	้	อ	ง	จ	ุ	ย	ค	ล	ล	น
ช	ศ	ุ	ห	ด	่	ซ	ล	จ	ม	ร	ว	ท	เ	เ
า	เ	บ	ษ	ค	ม	ิ	ท	บ	ส	ว	ฝ	ร	ะ	ข
ย	ล	เ	ะ	ท	แ	ส	ว	ศ	บ	ึ	ง	า	ท	า
ห	ง	ข	็	แ	ำ	้	น	ร	า	ธ	ซ	ย	ุ	ไ
า	ะ	า	ก	เ	ถ	้	ำ	ไ	ค	ฝ	ญ	ษ	น	ก
ด	ะ	ข	จ	ช	ธ	ฝ	า	ม	ย	ไ	ฝ	ฉ	ด	เ
น	ซ	เ	บ	ญ	ถ	ป	ข	ว	อ	า	ฝ	จ	ร	ซ
้	ภ	ู	เ	ข	า	น	้	ำ	แ	ข	็	ง	า	อ
ำ	ษ	ภ	ผ	เ	ช	ก	น	ป	บ	เ	ษ	ฝ	ก	ร
ต	อ	แ	ช	ล	ล	ค	ด	ถ	ษ	ู	ห	ญ	ญ	์
ก	ฉ	ญ	ผ	ช	ญ	ค	ธ	ญ	ญ	ภ	ร	ไ	ก	ร

น้ำตก
เนินเขา
ทะเลทราย
ปากน้ำ
แม่น้ำ
ไกเซอร์
ธารน้ำแข็ง
ถ้ำ
ภูเขาน้ำแข็ง
เกาะ
ทะเลสาบ
บึง
ทะเล
ภูเขา
โอเอซิส
คาบสมุทร
ชายหาด
ทุนดรา
หุบเขา
ภูเขาไฟ

94 - Pays #1

โ	ต	ง	เ	ย	อ	ร	ม	น	◌ี	ต	ไ	ญ	ภ	ณ
ย	ป	ล	◌ิ	เ	บ	◌ี	ย	◌์	ว	เ	◌์	ร	อ	น
ว	ข	แ	ย	ณ	ธ	ป	า	น	า	ม	า	เ	ร	ป
พ	บ	จ	ล	ฟ	◌ิ	ล	◌ิ	ป	ป	◌ิ	น	ส	◌์	เ
โ	บ	ฉ	จ	น	บ	ต	ง	ข	ษ	ญ	ญ	ไ	บ	ส
อ	ร	ร	ว	า	ด	า	น	ค	แ	ศ	ศ	ถ	ร	ส
◌ิ	อ	ม	า	ษ	น	◌์	ร	อ	ด	า	ว	ก	อ	เ
น	◌ิ	ย	า	ซ	เ	ว	เ	น	ซ	◌ุ	เ	อ	ล	า
เ	ส	ธ	ถ	เ	◌ิ	ณ	ว	พ	ถ	พ	ฟ	พ	ศ	ด
ด	ร	ข	ด	◌์	น	ล	แ	น	◌ิ	ฟ	ฟ	ข	จ	น
◌ี	า	ไ	ก	ธ	ญ	◌ี	โ	ม	ร	◌็	อ	ค	โ	ค
ย	เ	ะ	ธ	ผ	ล	ไ	ย	ก	แ	ง	อ	ญ	ษ	ม
ฝ	อ	ล	แ	ร	น	◌ิ	ก	า	ร	า	ก	◌ั	ว	า
น	ล	อ	า	ร	◌์	เ	จ	น	ต	◌ิ	น	า	ม	ล
อ	◌ั	ฟ	ก	า	น	◌ิ	ส	ถ	า	น	เ	ะ	ภ	◌ี

อัฟกานิสถาน
เยอรมนี
อาร์เจนตินา
บราซิล
แคนาดา
สเปน
เอกวาดอร์
ฟินแลนด์
อินเดีย
อิสราเอล
ลิเบีย
มาลี
โมร็อคโค
นิการากัว
นอร์เวย์
ปานามา
ฟิลิปปินส์
โปแลนด์
โรมาเนีย
เวเนซุเอลา

95 - Nombres

ส	ส	ฟ	ห	ข	ด	จ	◌็	เ	บ	◌ิ	ส	ล	ท	ถ
◌ี	◌ิ	ย	ค	◌้	ซ	ะ	ป	ก	ย	◌์	น	◌ู	ศ	ซ
◌่	เ	บ	◌ี	อ	า	ล	ป	◌้	ฝ	ส	ส	ศ	น	บ
บ	ส	อ	ง	◌่	ผ	ต	ม	า	ส	บ	◌ิ	ส	◌ิ	ก
◌ิ	ว	ไ	เ	ค	ส	ร	ส	ห	แ	ง	ช	ผ	ย	ญ
ส	แ	ป	ด	ก	ล	◌ิ	ญ	◌้	น	จ	ป	ฟ	ม	ง
ห	บ	ช	◌็	ซ	า	ส	บ	บ	จ	พ	ศ	ว	า	ง
ง	ร	า	จ	ท	น	ห	ป	◌ิ	ต	ม	ะ	พ	ส	ธ
ศ	ว	ท	เ	ส	ล	ะ	ต	ส	ส	◌ิ	บ	แ	ป	ด
ป	ต	ซ	ณ	◌ี	ข	ท	า	พ	น	ณ	ด	ก	ฟ	ผ
ผ	ภ	ว	ไ	◌่	บ	ญ	ย	อ	ส	◌ิ	บ	ส	อ	ง
ส	◌ิ	บ	เ	ก	◌้	า	ฉ	บ	ผ	ต	น	ษ	ท	ษ
ช	ม	า	ซ	เ	ร	ห	า	ข	ฝ	ห	ก	ป	พ	พ
ซ	ษ	ม	ห	ณ	า	ษ	ก	ย	พ	ไ	ฟ	ช	ไ	ว
ส	◌ิ	บ	ห	ก	เ	ม	ป	ข	เ	ไ	ม	ย	ษ	ถ

ห้า
สอง
ทศนิยม
สิบ
สิบแปด
สิบเก้า
สิบเจ็ด
สิบสอง
แปด
เก้า

สิบสี่
สี่
สิบห้า
สิบหก
เจ็ด
หก
สิบสาม
สาม
ยี่สิบ
ศูนย์

96 - Psychologie

จ	ก	า	ร	บ	◌ำ	บ	◌ั	ด	ไ	อ	เ	ด	◌ี	ย
◌ิ	ต	ส	ด	ม	ห	จ	ต	จ	อ	ป	ส	น	ไ	ว
ต	บ	◌ุ	ค	ล	◌ิ	ก	ภ	า	พ	ถ	ไ	ช	ษ	ษ
ไ	แ	ฝ	ล	ษ	ษ	ค	ผ	ด	อ	า	ไ	ต	ค	น
ต	ด	ส	พ	อ	◌ั	ต	ต	า	า	ย	ณ	บ	ล	ว
◌้	ท	ฝ	ธ	อ	ร	ฉ	ด	ษ	ร	ซ	ว	ส	◌ิ	◌ั
ส	ง	ร	◌ิ	จ	น	◌็	ป	เ	ม	า	ว	ค	น	ย
◌ำ	ส	◌ู	ท	พ	ค	ห	ญ	น	ณ	ค	ป	ท	◌ิ	เ
น	ต	◌้	◌ิ	ศ	ฤ	ว	ว	ะ	◌์	ะ	◌ั	ณ	ก	ด
◌ึ	ซ	บ	อ	น	ะ	ต	า	ษ	ฉ	ย	ญ	จ	ว	◌็
ก	ธ	◌ั	ผ	ย	ษ	แ	◌ิ	ม	ไ	ว	ห	ด	ฉ	ก
ท	ถ	ร	ข	ซ	ด	ซ	ผ	ก	ฝ	ล	า	า	น	ไ
า	ร	ร	แ	ป	ห	ว	ร	จ	ร	◌ั	น	แ	ะ	ป
เ	ก	า	ส	ะ	อ	ค	ป	ถ	ห	ร	น	บ	ข	ร
เ	า	ก	ค	ว	า	ม	ค	◌ิ	ด	ด	ม	ถ	ร	ร

คลินิก
พฤติกรรม
อัตตา
วัยเด็ก
อารมณ์
ไอเดีย
หมดสติ
อิทธิพล

ความคิด
การรับรู้
บุคลิกภาพ
ปัญหา
ความเป็นจริง
ความฝัน
จิตใต้สำนึก
การบำบัด

97 - Nature

ล	ษ	ท	ศ	ห	ส	◌ั	ต	ว	◌์	ง	ป	ว	ค	น
ภ	ฝ	ะ	ด	น	น	ณ	แ	ภ	บ	อ	◌่	บ	ไ	ร
บ	ต	เ	ะ	ผ	ถ	◌้	ม	ไ	บ	ไ	า	ผ	ง	ห
ค	ก	ล	ไ	ร	ภ	พ	า	ข	เ	◌ู	ภ	ค	บ	ม
ธ	ล	ท	ภ	ง	◌่	◌ิ	น	ผ	แ	บ	ง	เ	ม	ฆ
า	ส	ร	อ	◌้	น	อ	ฟ	ศ	า	ม	ด	ช	ภ	ธ
ร	ล	า	บ	◌ึ	ผ	แ	น	ร	ช	ม	◌่	ย	ร	ช
น	พ	ย	ส	ผ	ฝ	บ	ห	ม	อ	ก	ง	น	ป	ภ
◌้	ล	ค	ว	า	ม	ง	า	ม	ษ	ร	พ	ะ	◌้	ศ
◌ำ	ว	ข	ล	ผ	ธ	ส	ล	ถ	ศ	แ	ห	ฝ	ฉ	◌ำ
แ	◌ั	ส	◌ำ	ค	◌ั	ญ	ม	า	ก	ฉ	ถ	ห	ษ	น
ข	ต	ท	◌ี	◌่	ห	ล	บ	ภ	◌ั	ย	ไ	ว	ถ	น
◌็	พ	ว	ฝ	ะ	ซ	ฉ	น	ง	พ	จ	อ	ก	จ	เ
ง	ส	ก	ก	บ	เ	ข	ต	ร	◌้	อ	น	ษ	ส	ท
ห	ภ	บ	ณ	อ	า	ร	◌์	ก	ต	◌ิ	ก	ย	ษ	เ

ผึ้ง
ที่หลบภัย
สัตว์
อาร์กติก
ความงาม
หมอก
ทะเลทราย
พลวัต
ร่อน
หน้าผา
ใบไม้
แม่น้ำ
ป่า
ธารน้ำแข็ง
ภูเขา
เมฆ
สงบ
นิ่ง
เขตร้อน
สำคัญมาก

98 - Chimie

บ	ค	โ	อ	◌ิ	เ	ล	◌็	ก	ต	ร	อ	น	ไ	โ
ซ	ล	ม	ข	ง	ข	ไ	ข	ล	ต	ก	ะ	ส	ล	ล
ล	อ	เ	ข	ะ	ล	ะ	พ	พ	ช	จ	ย	บ	ก	ห
ฟ	ร	ล	ก	น	◌ั	ห	◌ำ	◌้	น	ม	ข	ฝ	ก	ะ
ช	◌ี	ก	ข	จ	ง	บ	ถ	ย	ต	ม	ฝ	ณ	ไ	เ
เ	น	◌ุ	อ	เ	น	◌ิ	ว	เ	ค	ล	◌ี	ย	ร	◌์
อ	บ	ล	ง	ร	ศ	ร	ญ	ร	ท	ต	ว	ม	ป	ด
น	ต	อ	เ	ด	ร	ธ	ค	า	ร	◌์	บ	อ	น	◌่
ไ	◌ั	◌ุ	ห	โ	ฉ	า	ญ	ข	ภ	ฟ	ป	ต	ผ	า
ซ	ว	ณ	ล	ฮ	ษ	ก	จ	ต	ป	ถ	ษ	ะ	ฟ	ง
ม	เ	ห	ว	ไ	อ	อ	อ	น	ะ	แ	ด	อ	ผ	ร
◌์	ร	ภ	ช	แ	◌ี	ต	ค	ว	า	ม	ร	◌้	อ	น
ม	◌่	◌ู	ภ	ข	ล	ฟ	ห	ล	ส	◌๊	ก	แ	ด	ก
ป	ง	ม	ณ	ไ	ก	น	ส	พ	ร	ะ	น	ป	เ	ะ
เ	ด	◌ิ	น	จ	เ	◌ิ	ซ	ก	อ	อ	ห	ญ	ฝ	ฝ

กรด
ด่าง
อะตอม
คาร์บอน
ตัวเร่ง
ความร้อน
คลอรีน
เอนไซม์
อิเล็กตรอน
แก๊ส
ไฮโดรเจน
ไอออน
ของเหลว
โลหะ
โมเลกุล
นิวเคลียร์
ออกซิเจน
น้ำหนัก
เกลือ
อุณหภูมิ

99 - Bateaux

ถ	ม	น	ร	ร	ธ	ท	จ	ท	ด	ไ	ภ	ภ	เ	ร
ฉ	บ	ด	ฝ	ส	ช	ท	◌์	ช	อ	ย	อ	◌ี	ร	เ
ค	ม	ก	ผ	ข	ฉ	ห	ษ	ธ	า	ม	า	ก	◌ี	ฉ
ฉ	บ	เ	พ	น	ท	ส	บ	า	ล	ภ	ฟ	ร	อ	ป
ว	ะ	ธ	ต	แ	ห	ฟ	ญ	ภ	ว	ส	ม	ถ	ข	ไ
ง	บ	ก	◌์	ม	ผ	ร	ง	ย	ล	ย	ย	บ	◌้	ป
ค	า	บ	น	◌่	ว	อ	ร	◌ี	เ	ก	◌ู	ล	า	ศ
ค	ส	ไ	ย	น	◌่	◌ุ	ท	ค	ะ	ฉ	ก	แ	ม	ไ
ผ	ล	อ	ง	◌้	ล	ฉ	◌ุ	า	ท	ท	บ	ส	ฟ	ธ
ธ	เ	◌ี	อ	◌ำ	ก	ฝ	ม	ย	แ	ค	น	◌ู	า	า
ล	ะ	ร	◌่	ศ	ะ	ศ	ส	◌ั	ต	พ	ส	พ	ก	บ
า	ท	เ	◌ี	น	ล	ท	า	ค	เ	ก	ม	ง	อ	ง
ก	เ	ส	ร	ต	า	ฝ	ห	ภ	ว	ส	อ	ถ	◌ี	ณ
ฉ	ข	ภ	ค	ษ	ส	ผ	ม	ด	ม	ส	า	ข	ช	บ
ม	ไ	อ	เ	เ	◌ี	ท	◌่	า	เ	ร	◌ี	อ	เ	เ

สมอ
ทุ่น
แคนู
เชือก
ท่าเรือ
ลูกเรือ
เรือข้ามฟาก
แม่น้ำ
คายัค
ทะเลสาบ
กะลาสี
เสา
ทะเล
เครื่องยนต์
มหาสมุทร
แพ
คลื่น
เรือใบ
เรือยอชท์

100 - Mesures

น	ม	พ	ส	ก	◌ื	ล	ม	า	ว	ค	ไ	ฝ	แ	น
ฟ	ห	ห	ธ	ม	ฟ	◌ิ	ฟ	พ	ม	ว	ล	ค	จ	◌ั
ง	ฝ	ณ	อ	ธ	จ	ต	ภ	ม	จ	ล	ว	ว	ไ	◌ำ
ย	น	อ	น	า	ไ	ร	เ	ด	ต	◌ี	ท	า	น	ห
แ	ซ	ก	ษ	ศ	ล	ไ	บ	ต	◌์	แ	พ	ม	ก	น
ภ	ด	ค	พ	ล	ม	ร	◌ั	ก	ล	โ	◌ิ	ก	◌ิ	◌ั
ย	ป	ต	ผ	ไ	ซ	ต	ต	น	ท	ถ	ต	ว	โ	ก
ป	ช	ไ	เ	ด	ภ	ม	ผ	ม	◌ิ	ฟ	ห	◌้	ล	ถ
อ	อ	น	ซ	◌์	ห	เ	ย	ย	เ	◌้	ร	า	เ	ร
ค	ว	า	ม	ส	◌ู	ง	ณ	◌ิ	ย	◌ิ	ว	ง	ม	ย
ค	ว	า	ม	ย	า	ว	ด	น	ข	ต	ต	ศ	ต	ต
ผ	อ	อ	ง	ศ	า	ฉ	เ	ศ	ด	ง	ฉ	น	ร	◌ั
ถ	น	ธ	ซ	ช	ด	ม	ป	ท	ก	ร	◌ั	ม	ซ	น
ร	ะ	ด	◌ั	บ	เ	ส	◌ี	ย	ง	ง	ป	ผ	ว	เ
ณ	ช	ผ	ถ	ด	ษ	ข	ม	ส	ม	ณ	ถ	ญ	ป	จ

เซนติเมตร
องศา
ทศนิยม
กรัม
ความสูง
กิโลกรัม
กิโลเมตร
ความกว้าง
ลิตร
ความยาว
มวล
เมตร
นาที
ไบต์
ออนซ์
น้ำหนัก
นิ้ว
ความลึก
ตัน
ระดับเสียง

1 - Adjectifs #2

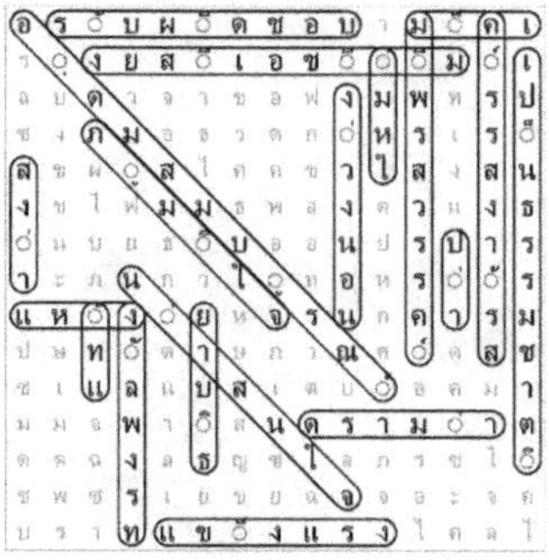

2 - Force et Gravité

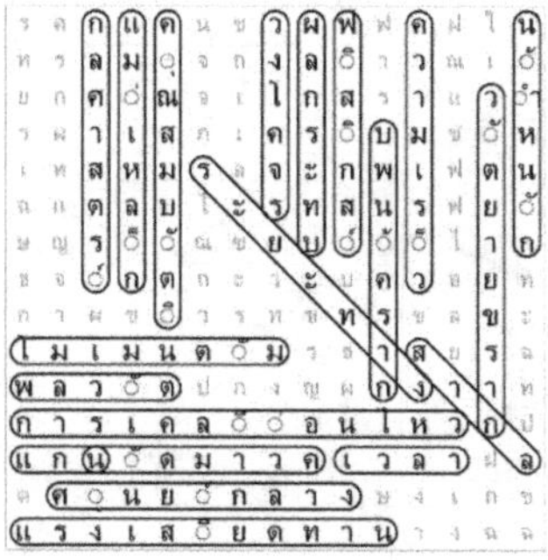

3 - Adjectifs #1

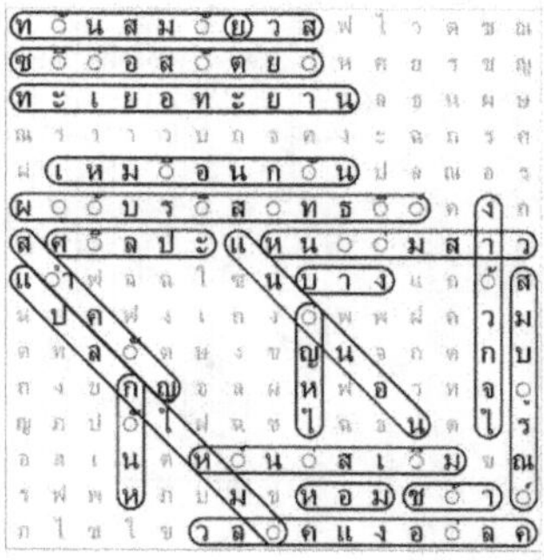

4 - Instruments de Musique

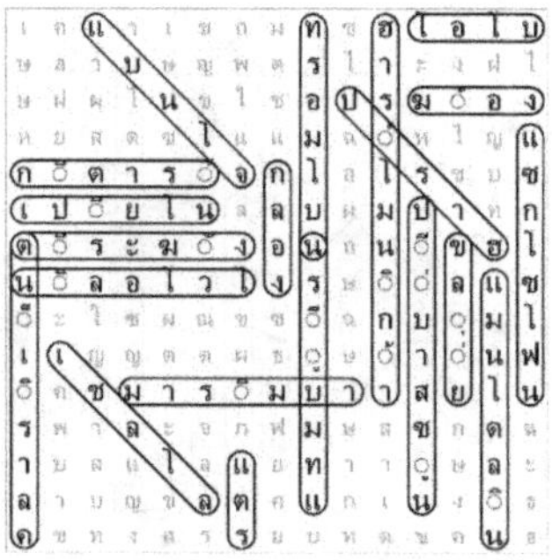

5 - Échecs

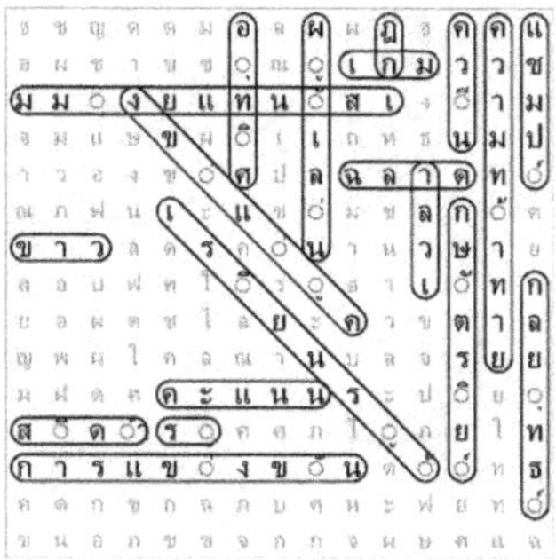

6 - Herboristerie

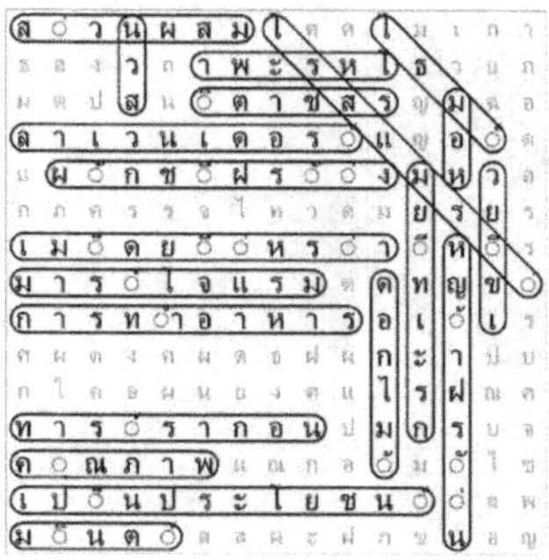

7 - Véhicules

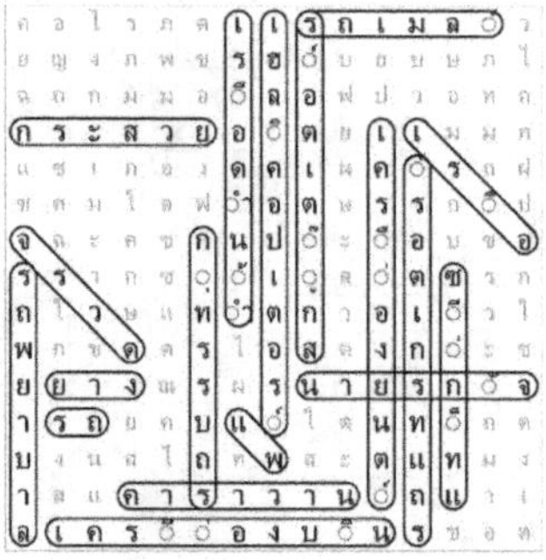

8 - Camping

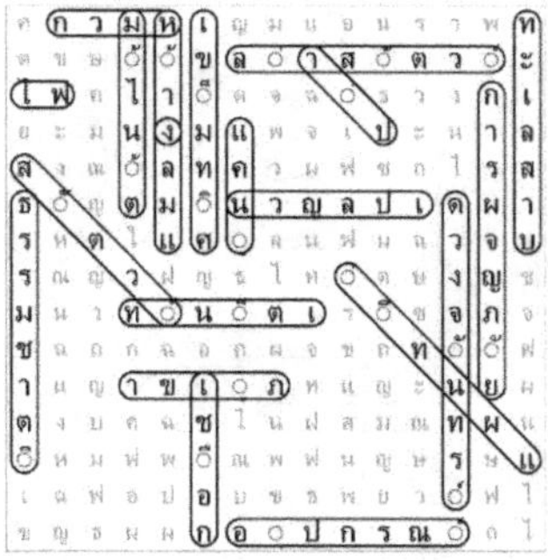

9 - Écologie

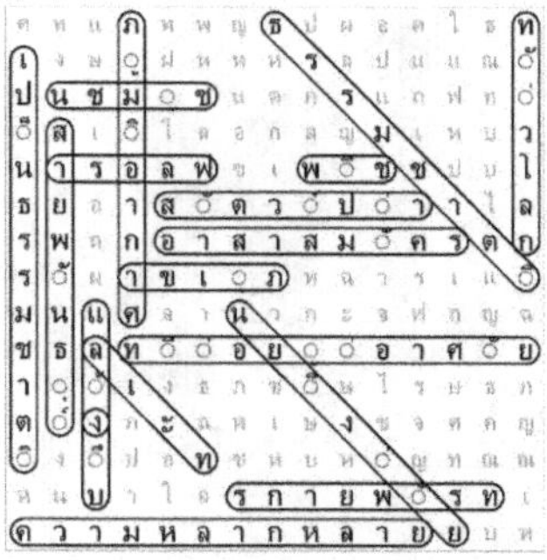

10 - Géométrie

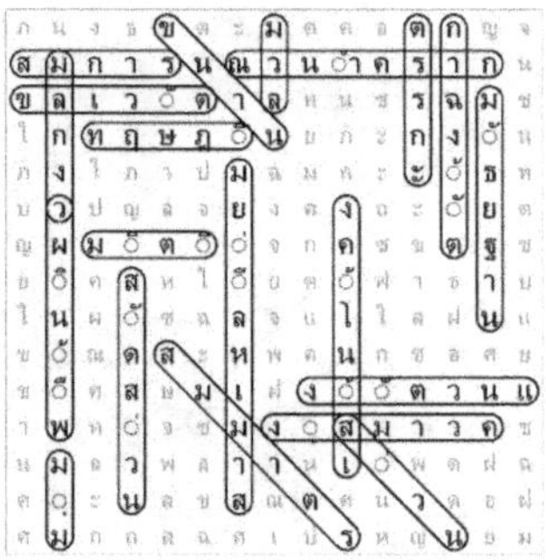

11 - Les Médias

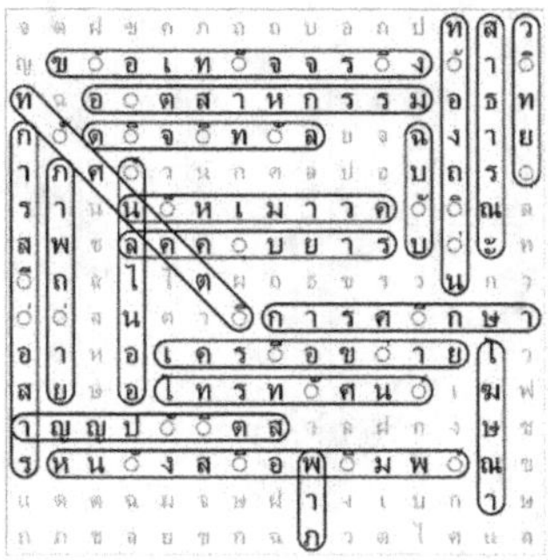

12 - Philanthropie

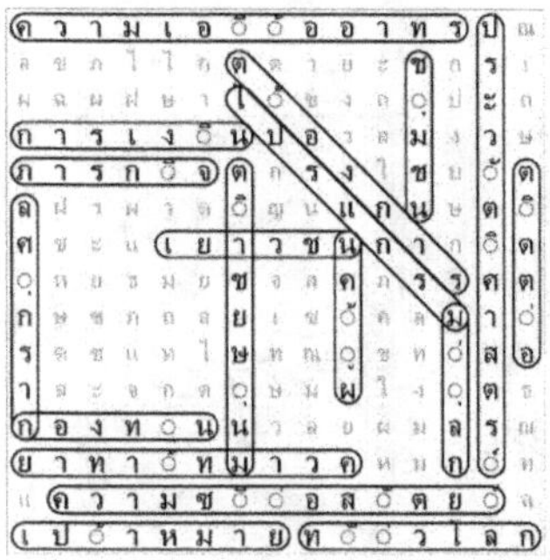

13 - Diplomatie

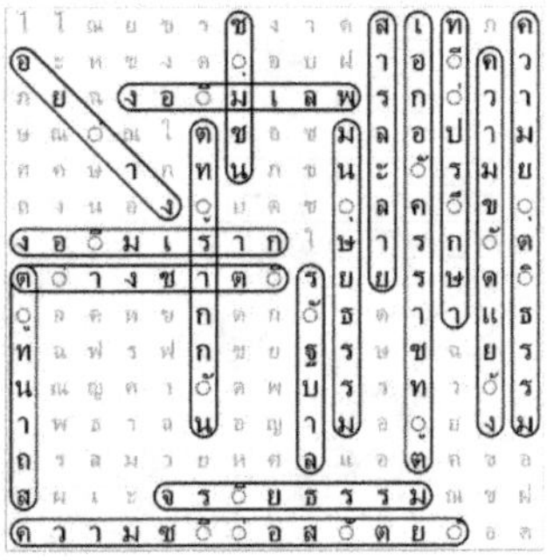

14 - Astronomie

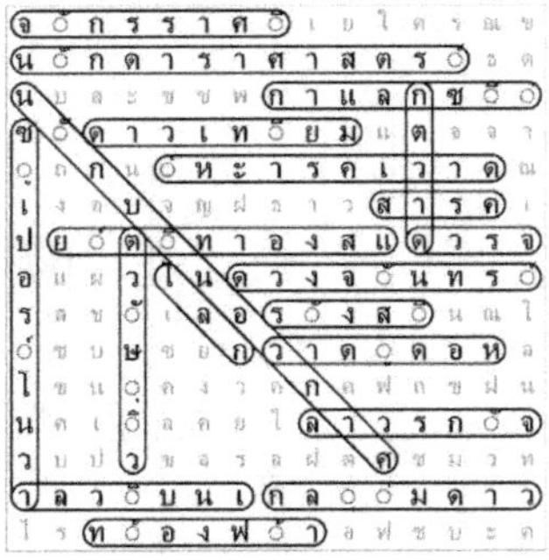

15 - Physique

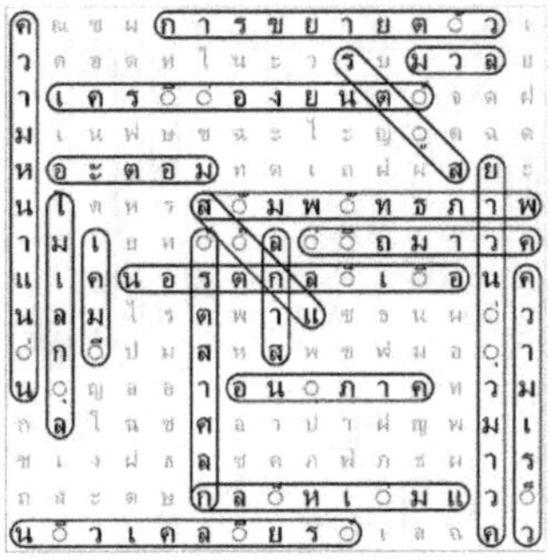

16 - Types de Cheveux

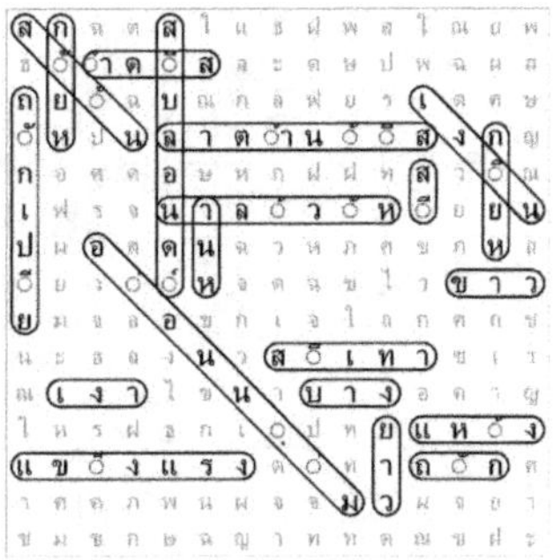

17 - Archéologie

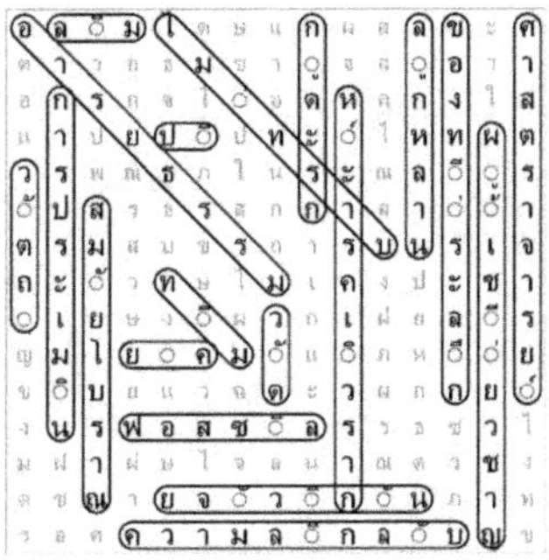

18 - Restaurant #1

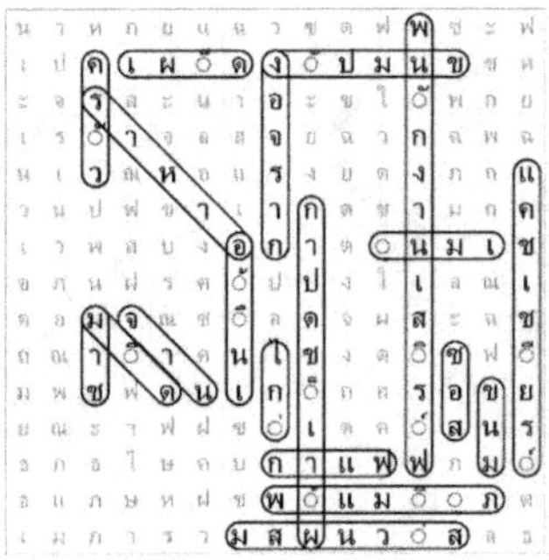

19 - Mammifères

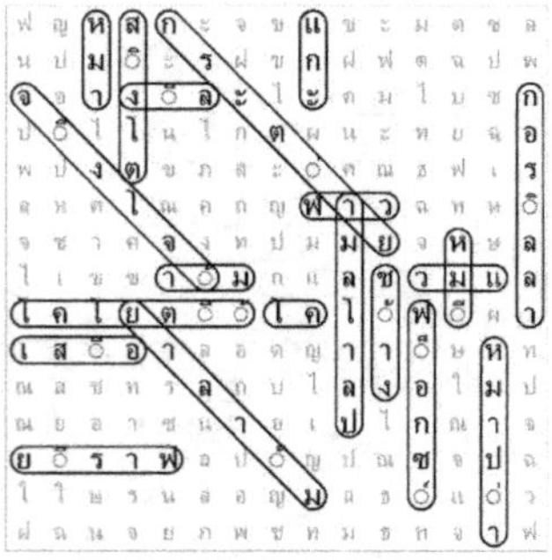

20 - Chocolat

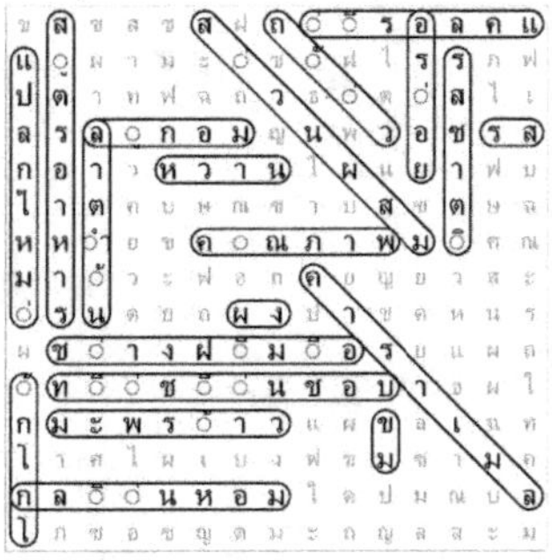

21 - Mathématiques

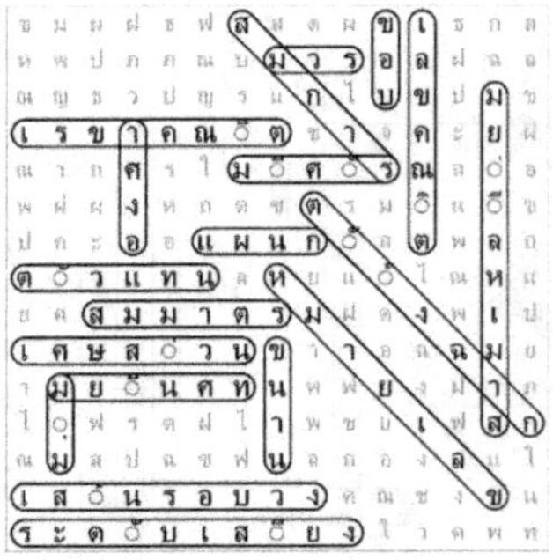

22 - Mythologie

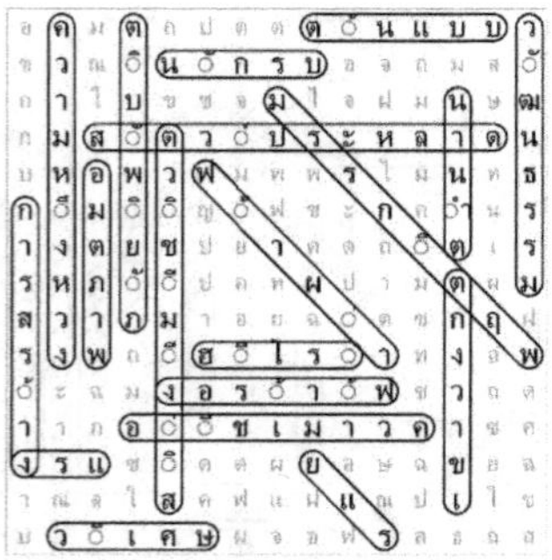

23 - Restaurant #2

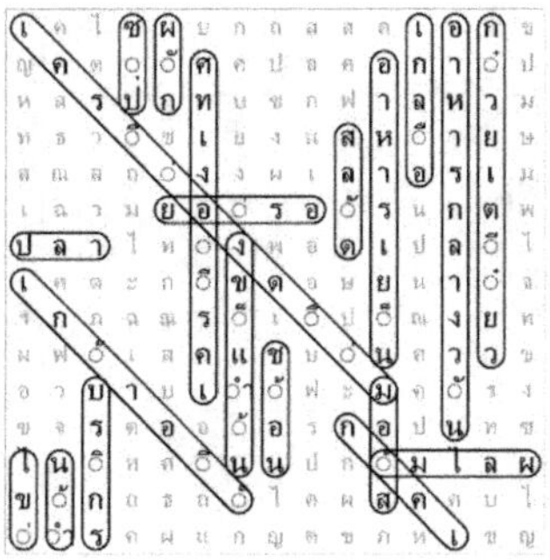

24 - Beauté

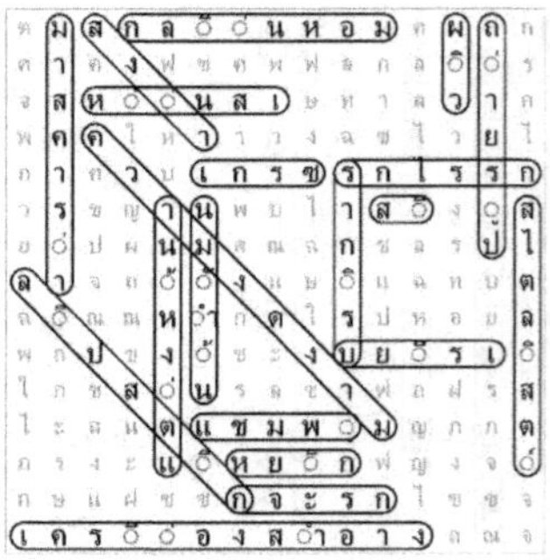

25 - Avions

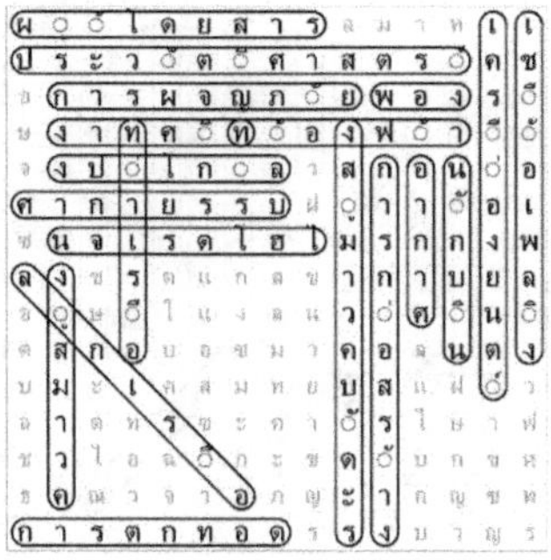

26 - Aventure

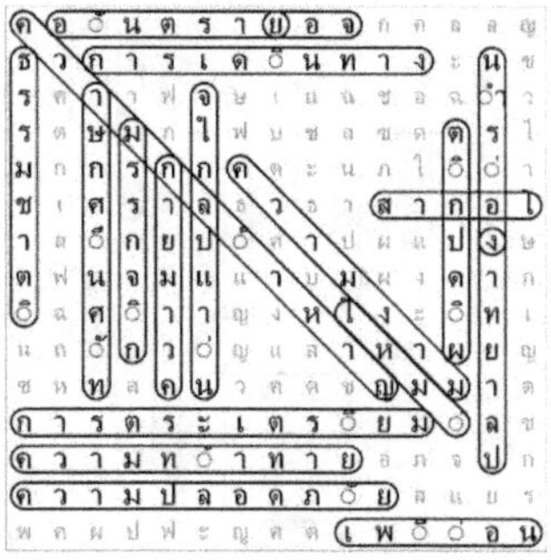

27 - Ville

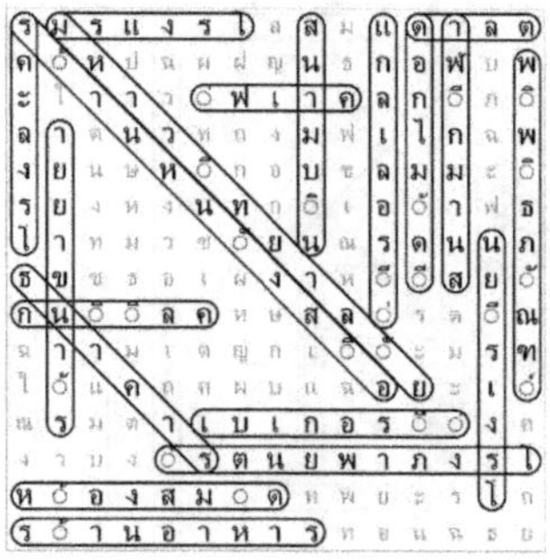

28 - Ingénierie

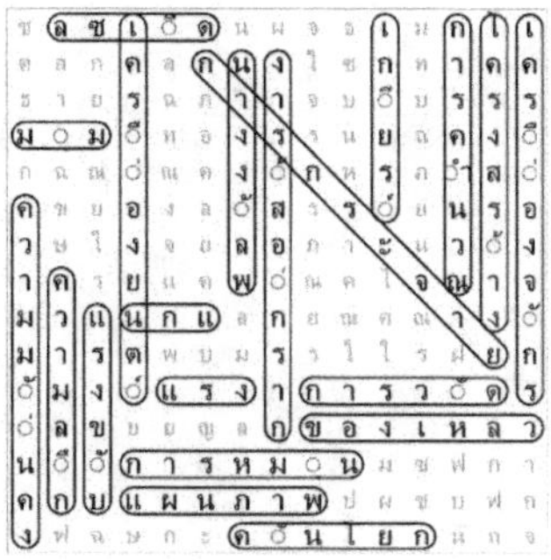

29 - Énergie

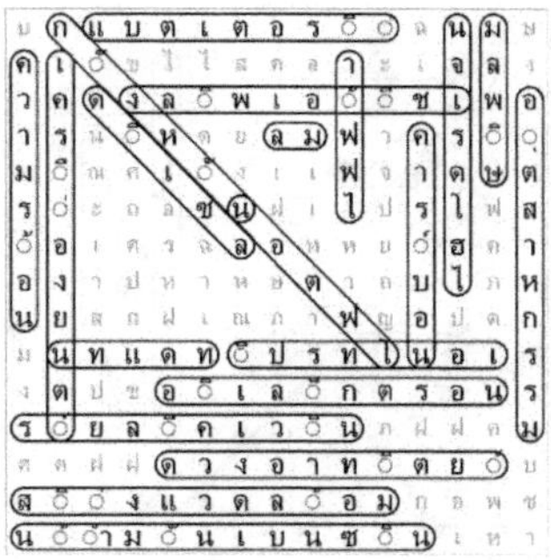

30 - Corps Humain

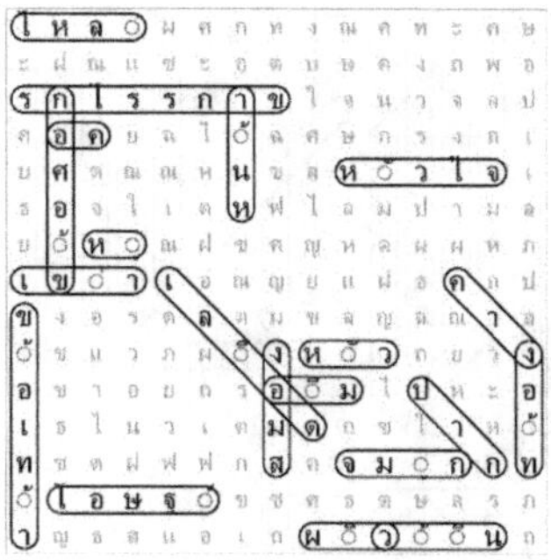

31 - Biologie

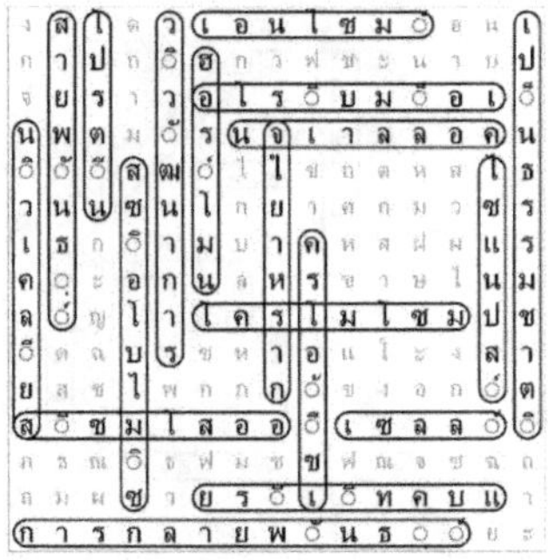

32 - Épices

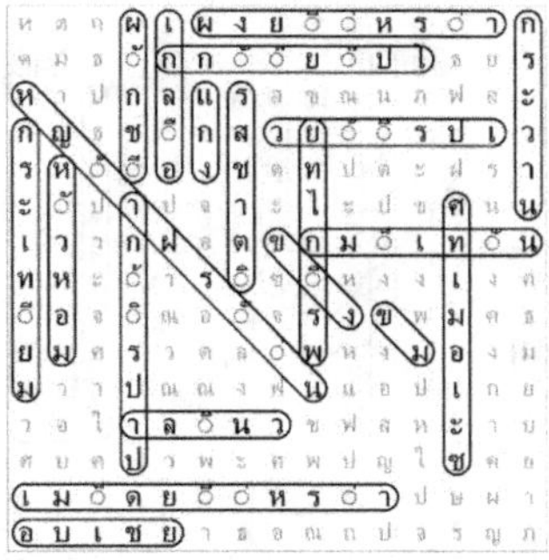

33 - Agronomie

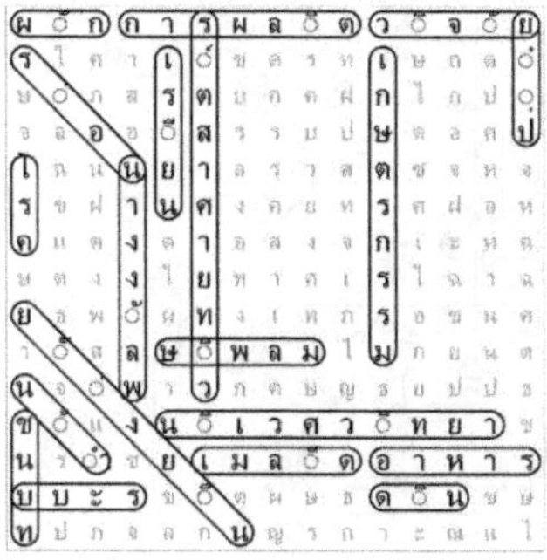

34 - Science

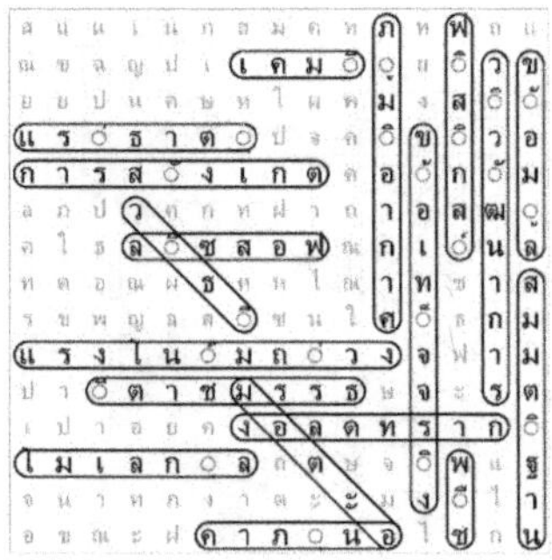

35 - Vêtements

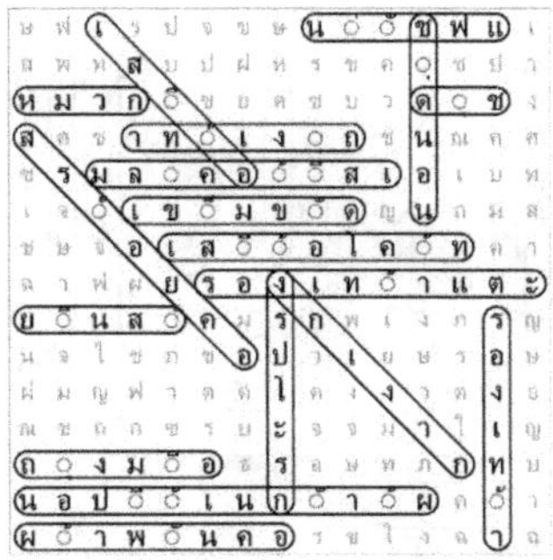

36 - Arts Visuels

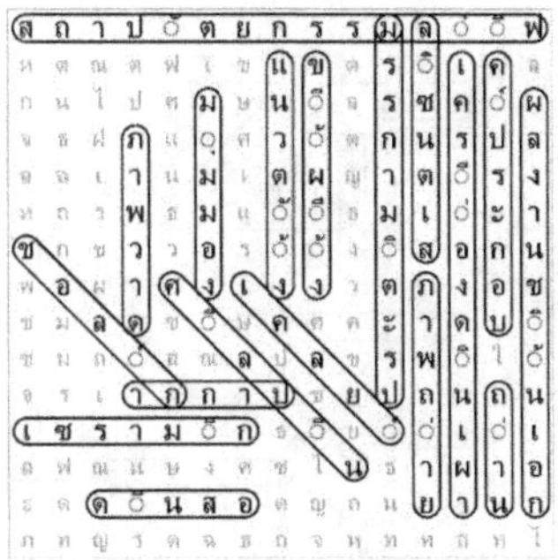

37 - Méditation

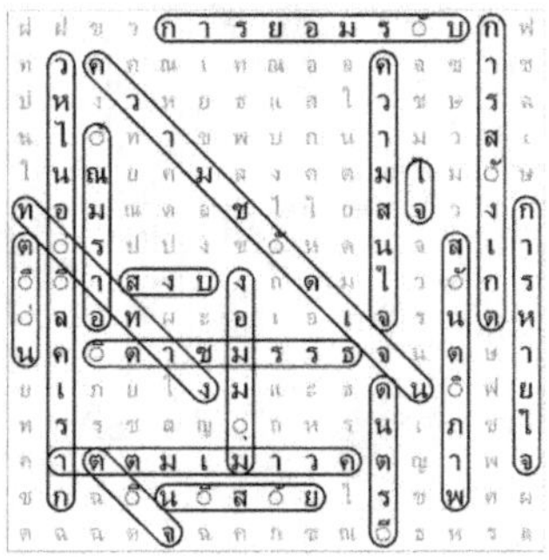

38 - Littérature

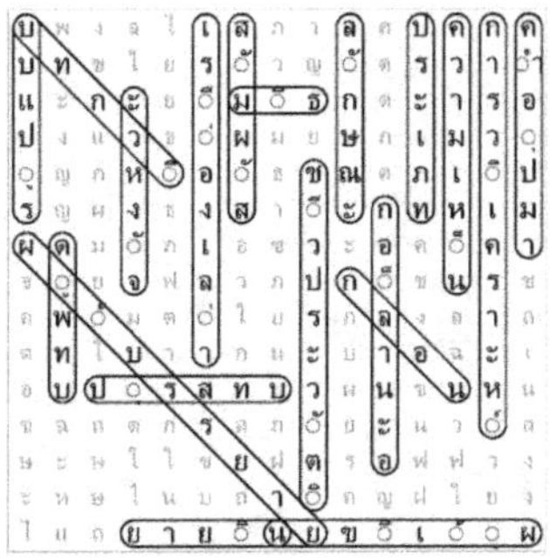

39 - Nourriture #1

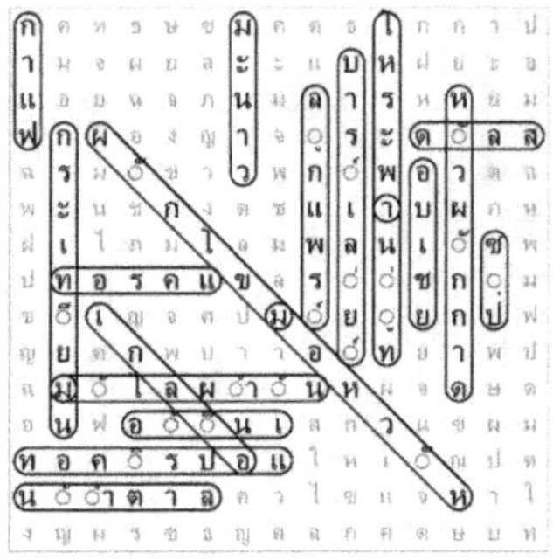

40 - Jours et Mois

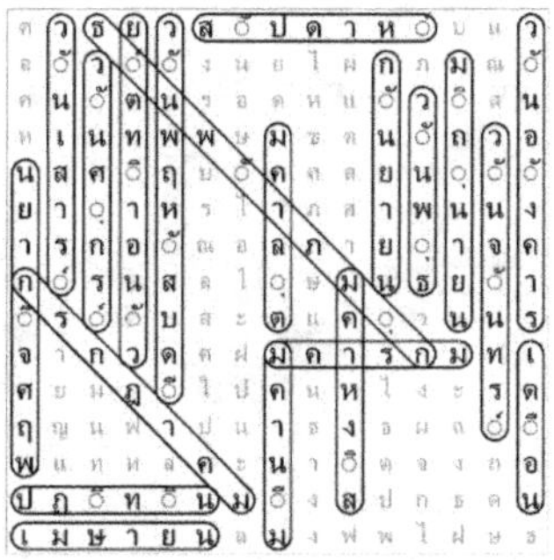

41 - Entreprise

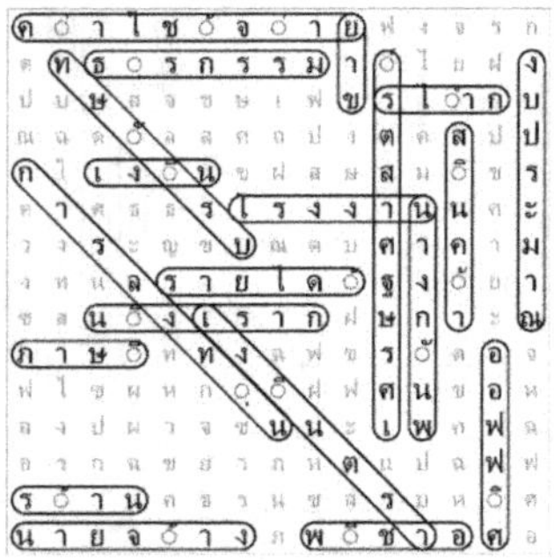

42 - Activités

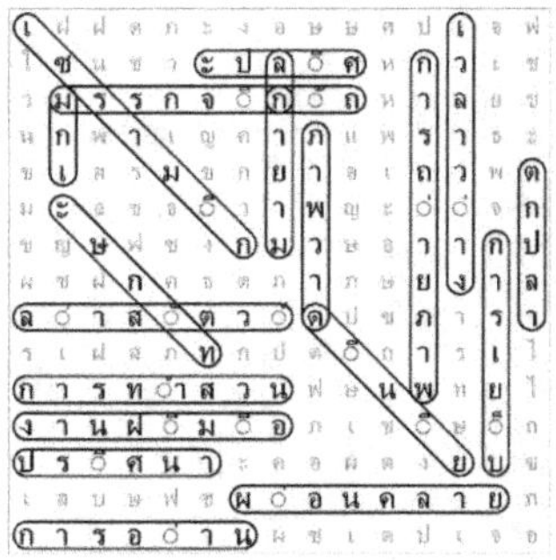

43 - Fleurs

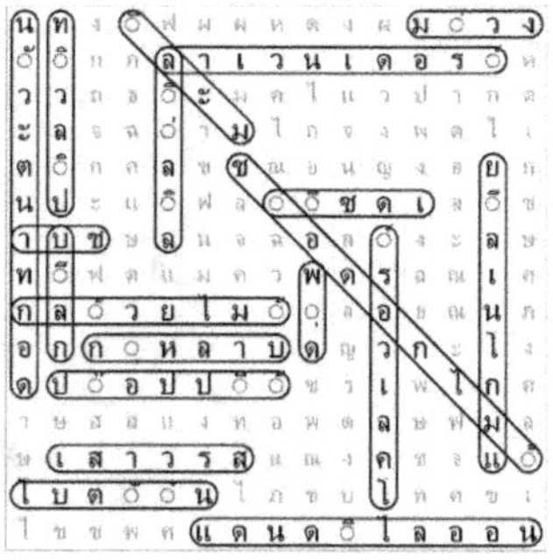

44 - Nourriture #2

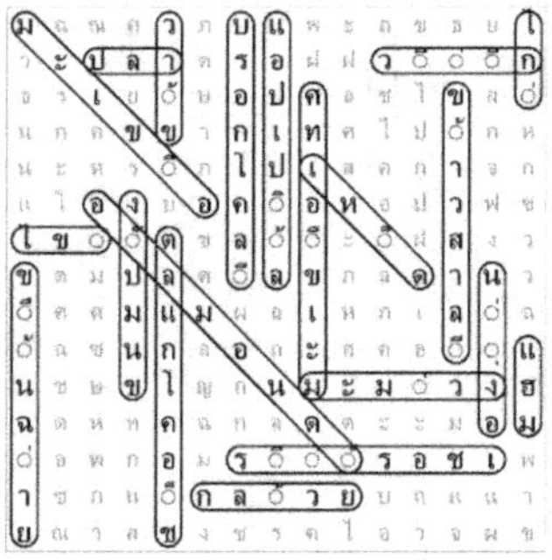

45 - Algèbre

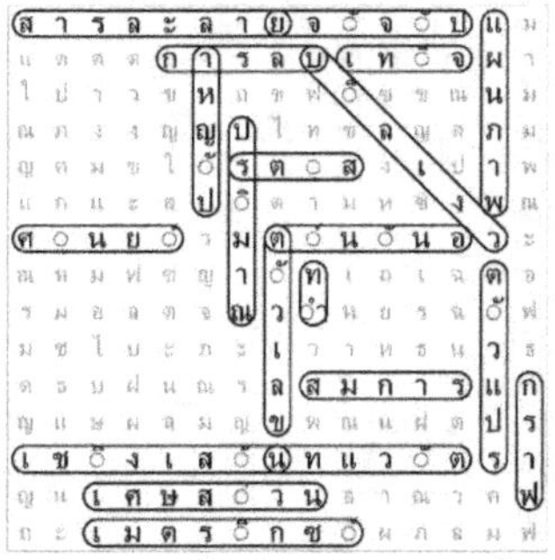

46 - Océan

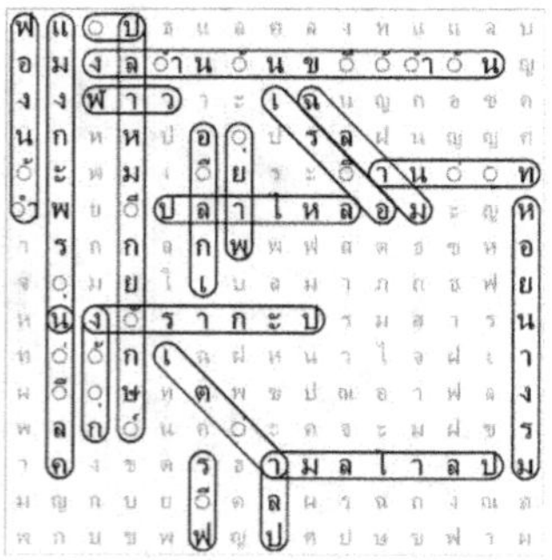

47 - Antiquités

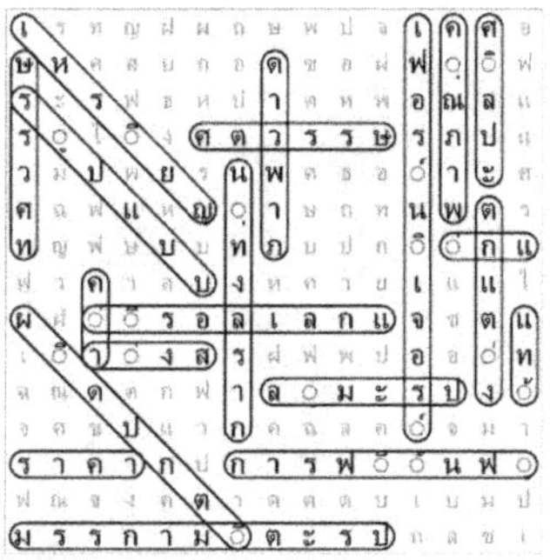

48 - Boxe

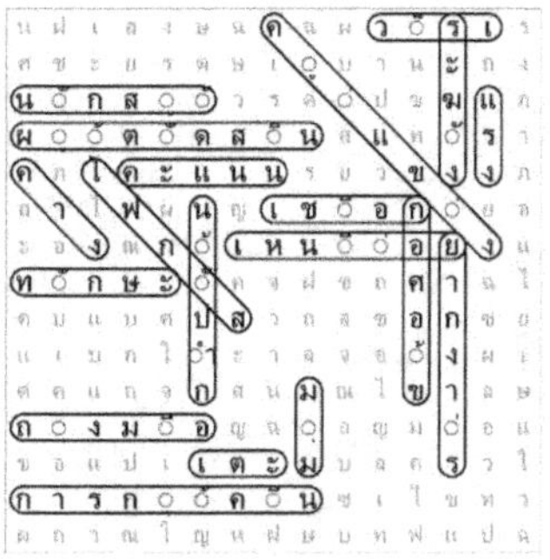

49 - Réchauffement Cli

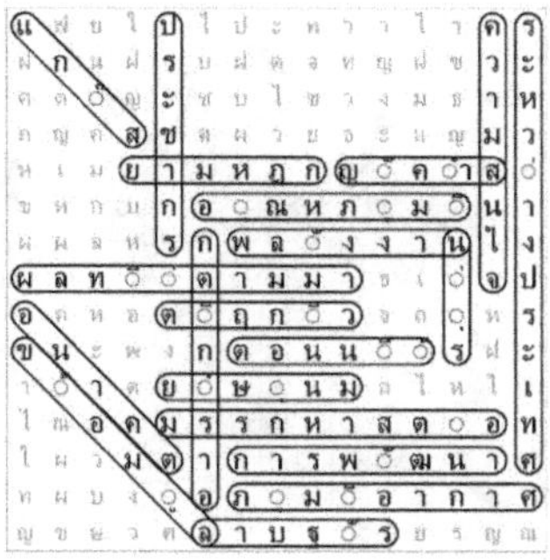

50 - Ballet

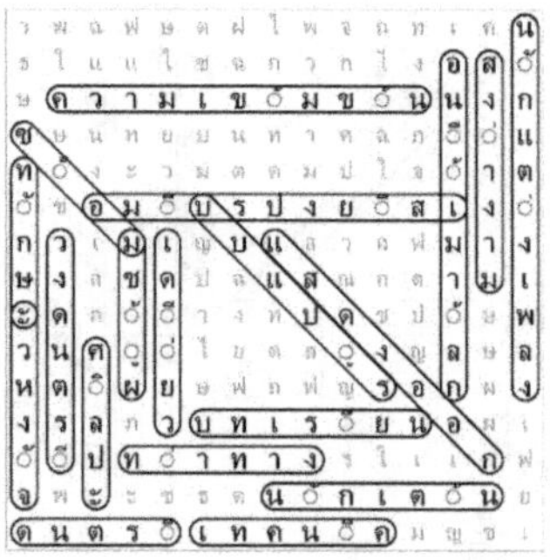

51 - Fruit

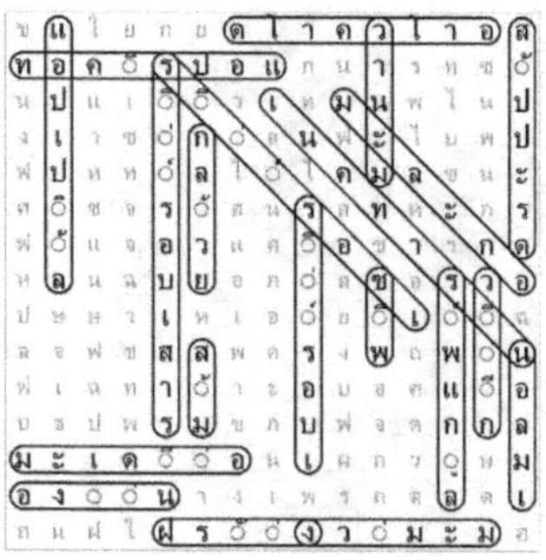

52 - Technologie

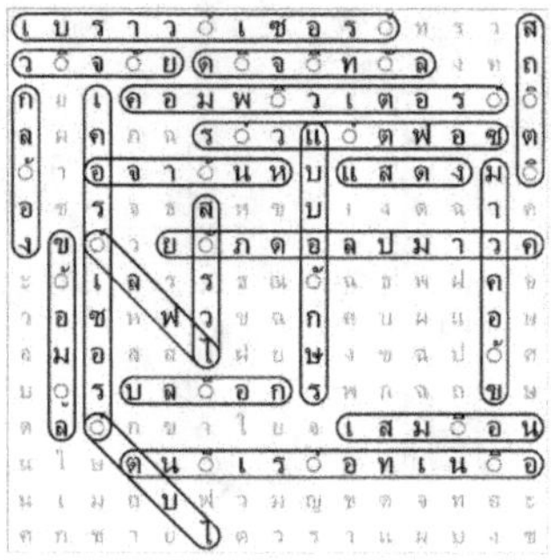

53 - Musique

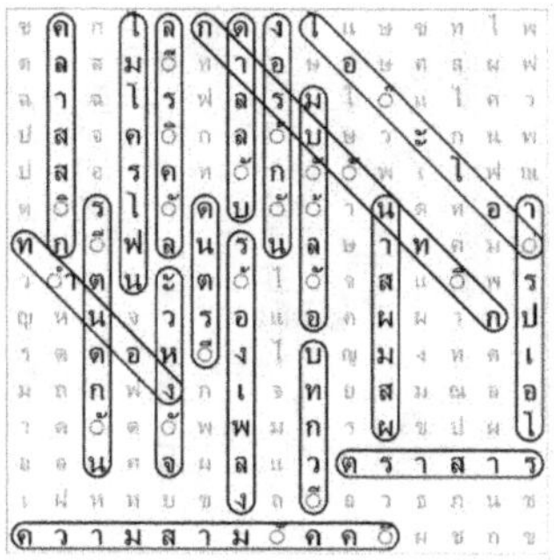

54 - Météo

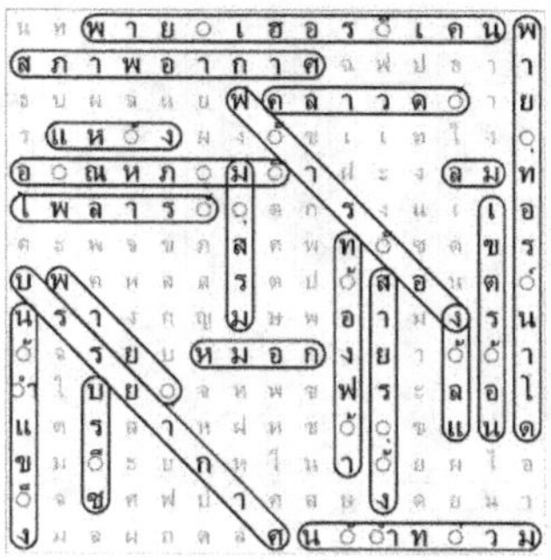

55 - L'Entreprise

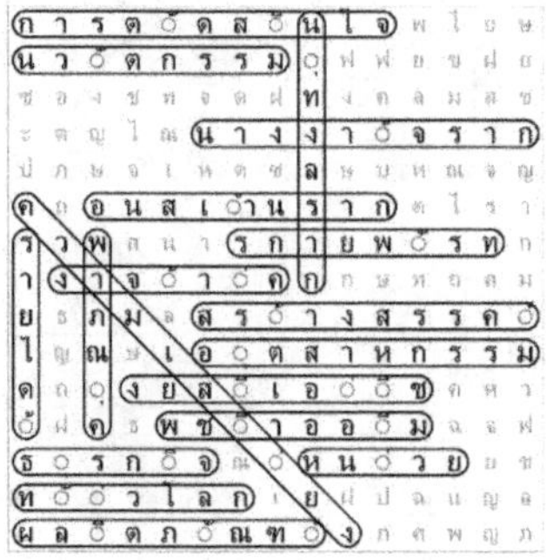

56 - Gouvernement

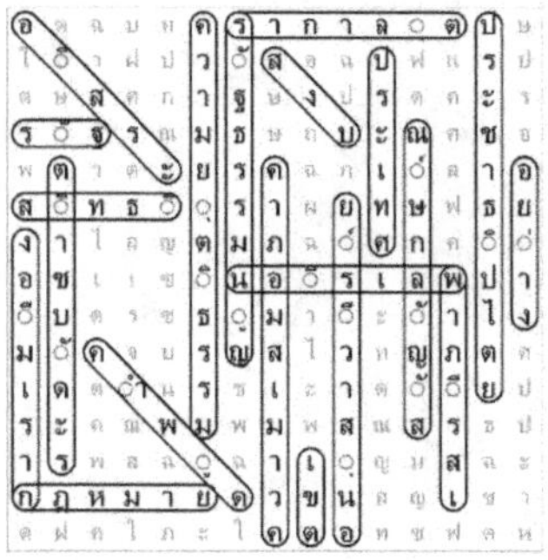

57 - Randonnée

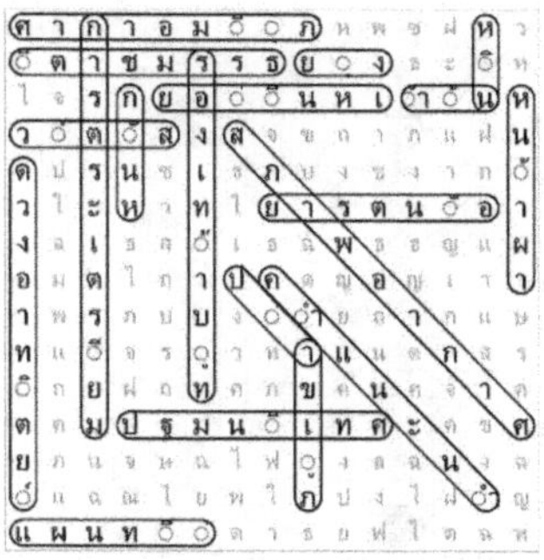

58 - Art

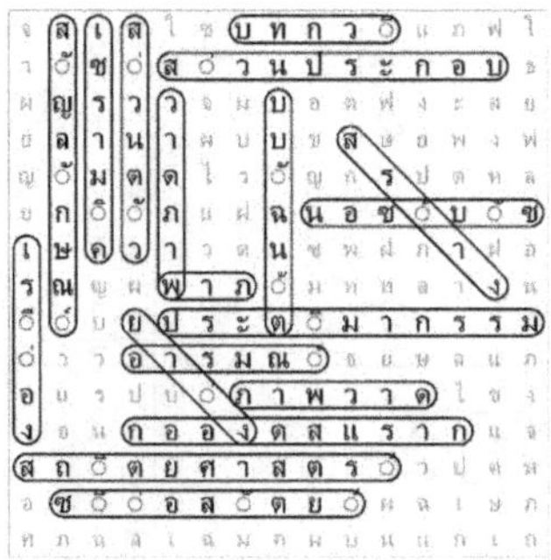

59 - Nutrition

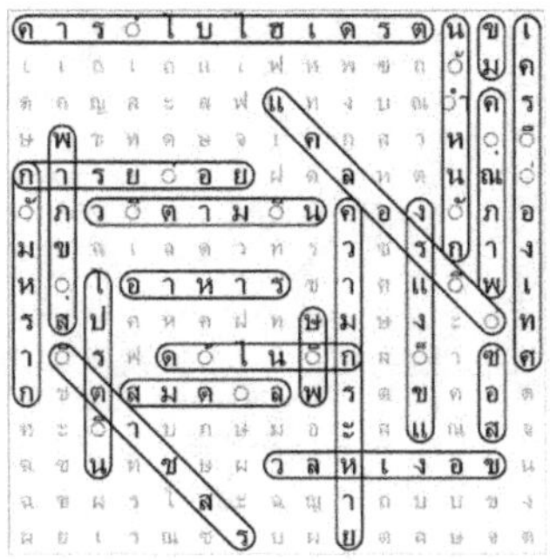

60 - Créativité

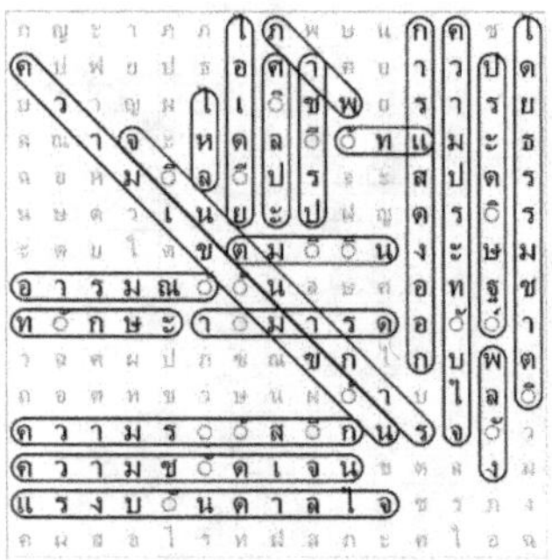

61 - Science Fiction

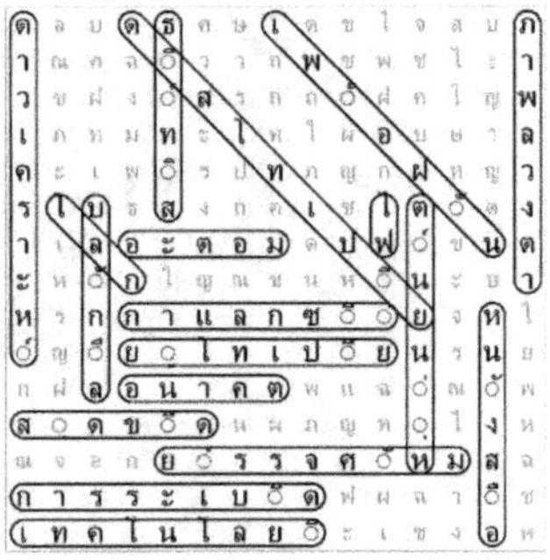

62 - Professions #1

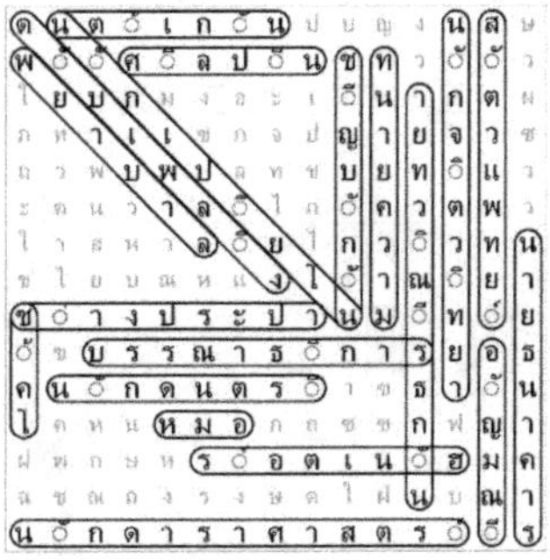

63 - Géologie

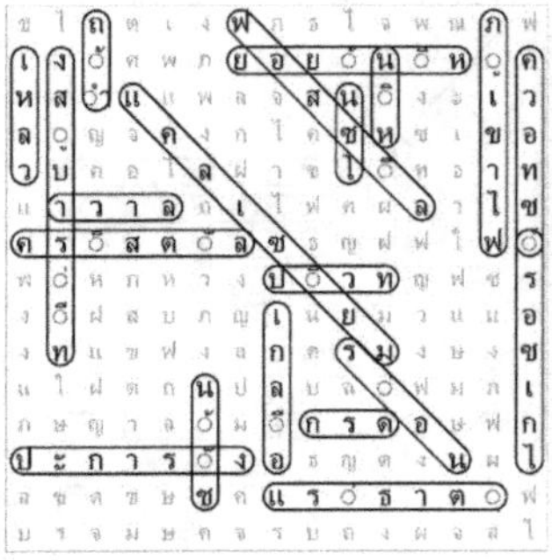

64 - Jardin

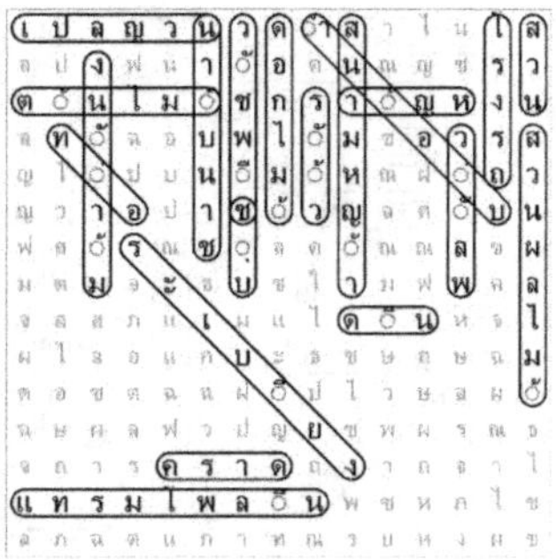

65 - Santé et Bien Être #1

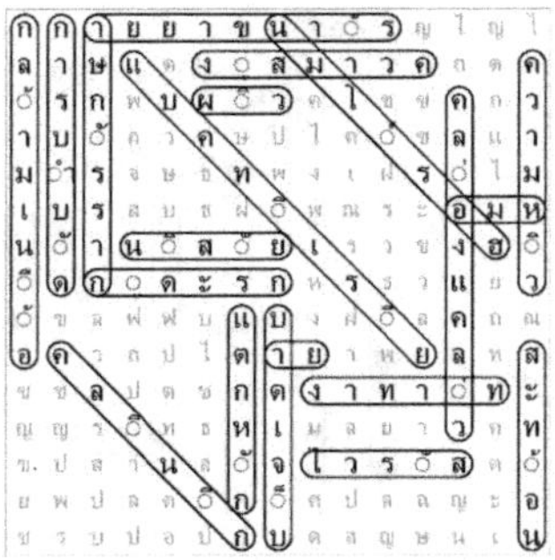

66 - Barbecues

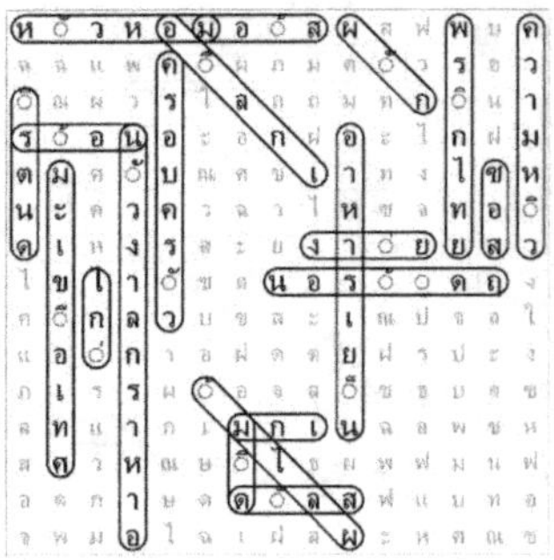

67 - Insectes

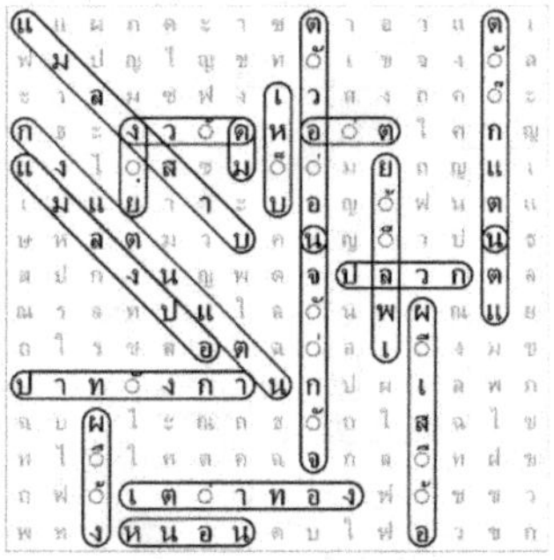

68 - Ferme #1

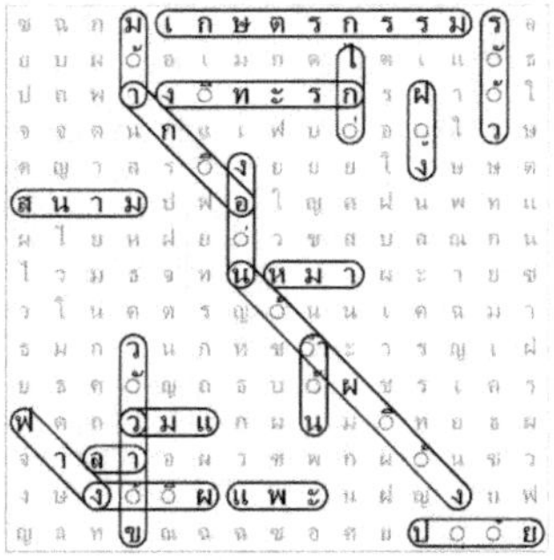

69 - Café

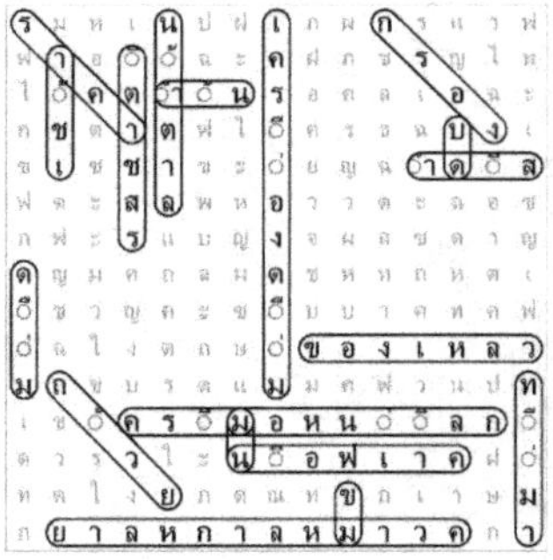

70 - Antarctique

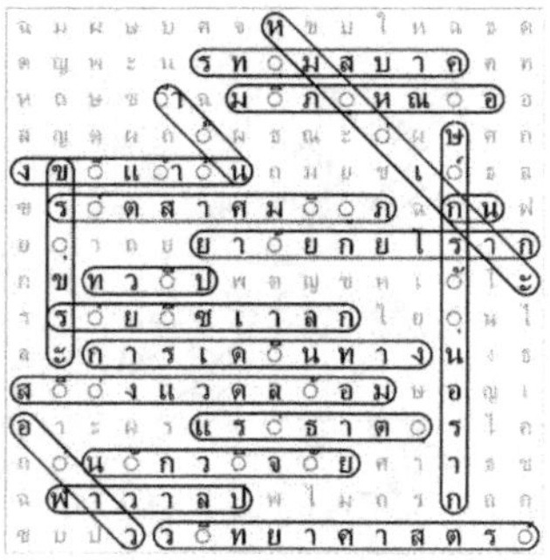

71 - Professions #2

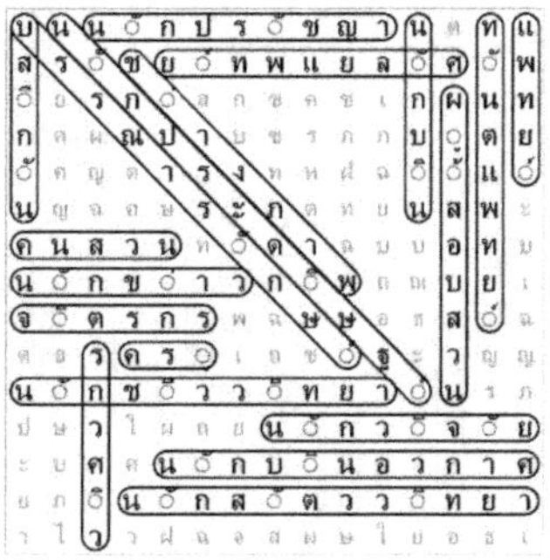

72 - Les Abeilles

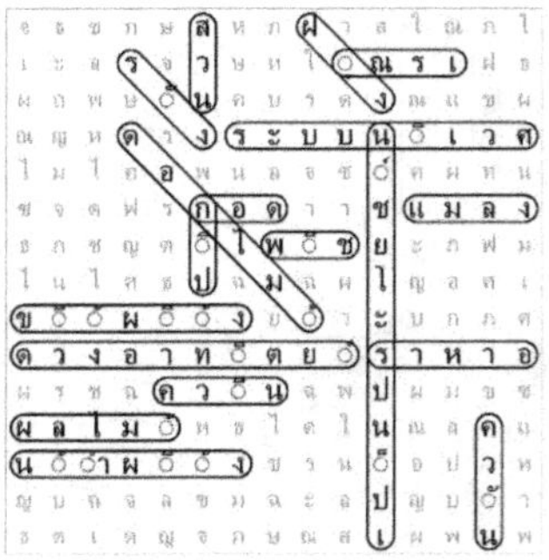

73 - Santé et Bien Être #2

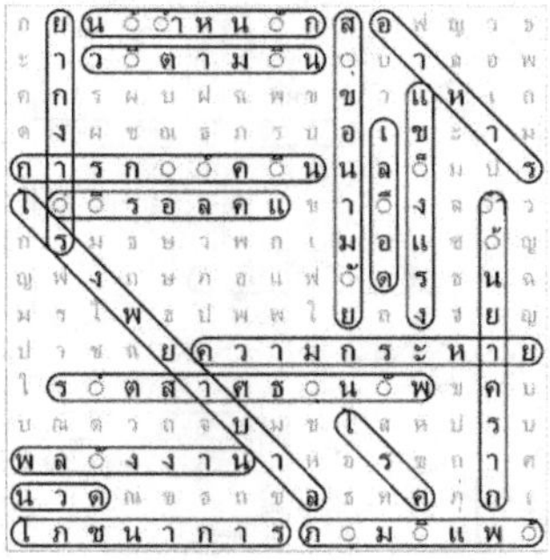

74 - Conduite

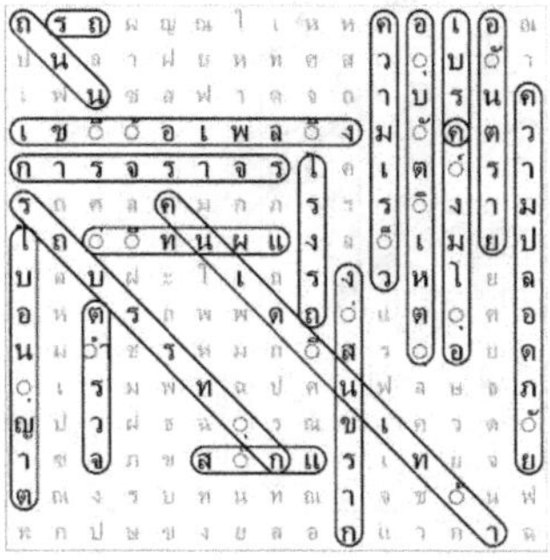

75 - Plantes

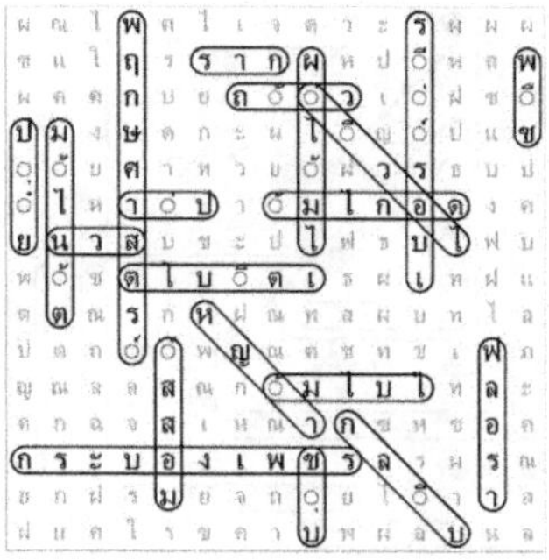

76 - Ferme #2

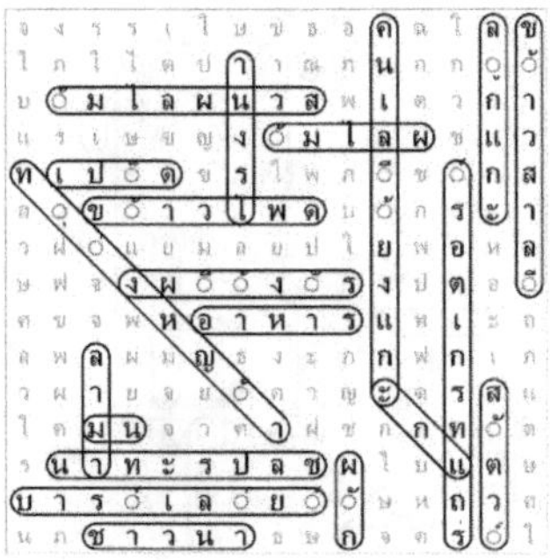

77 - Vacances #2

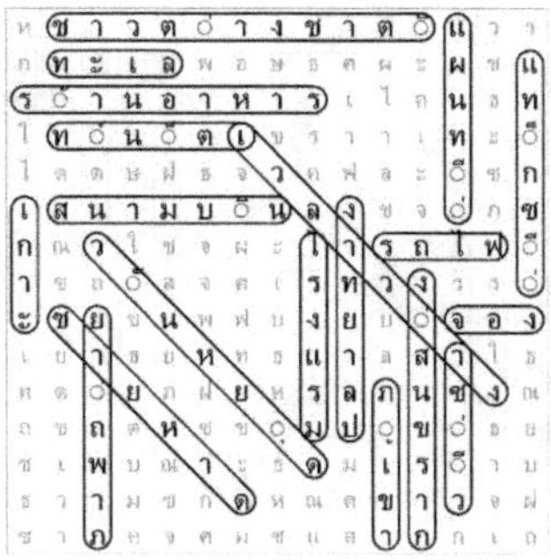

78 - Temps

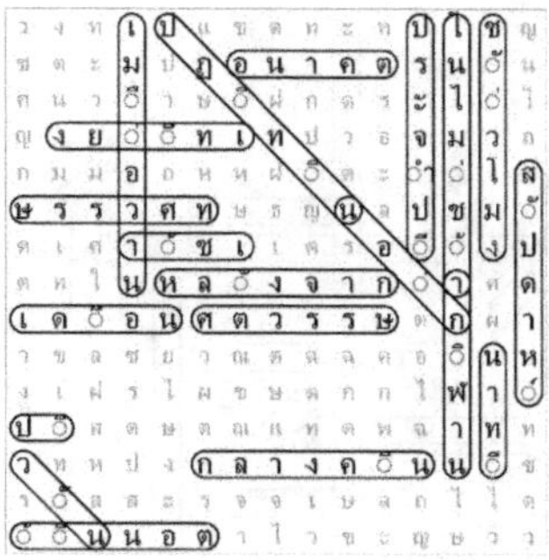

79 - Maison

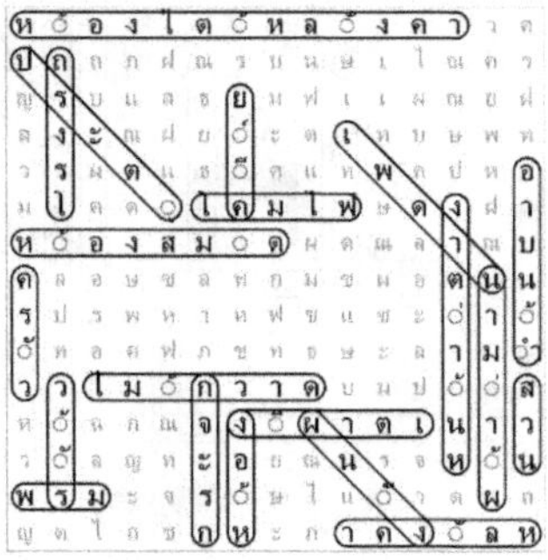

80 - Légumes

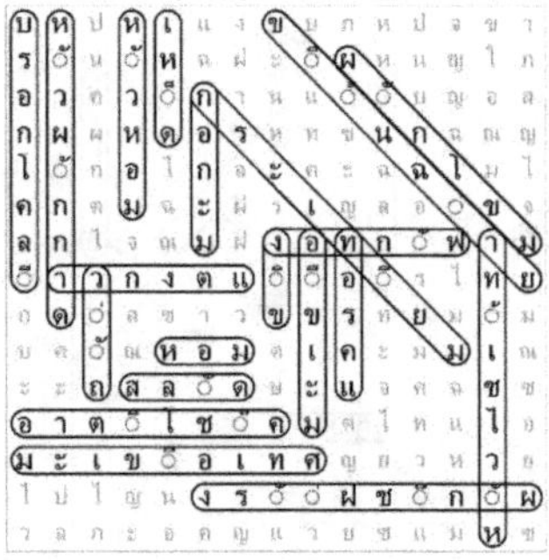

81 - Famille

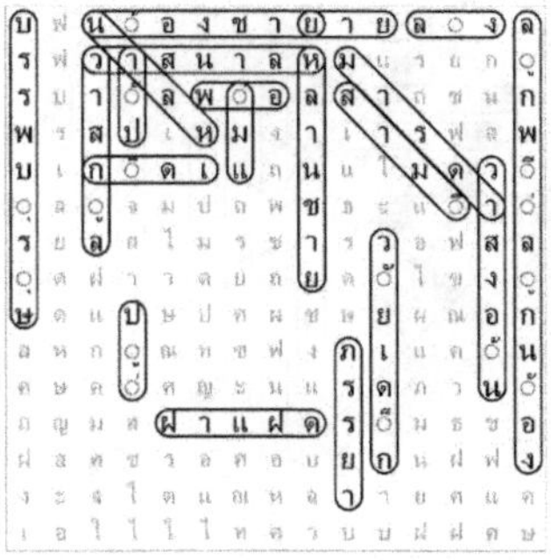

82 - Oiseaux

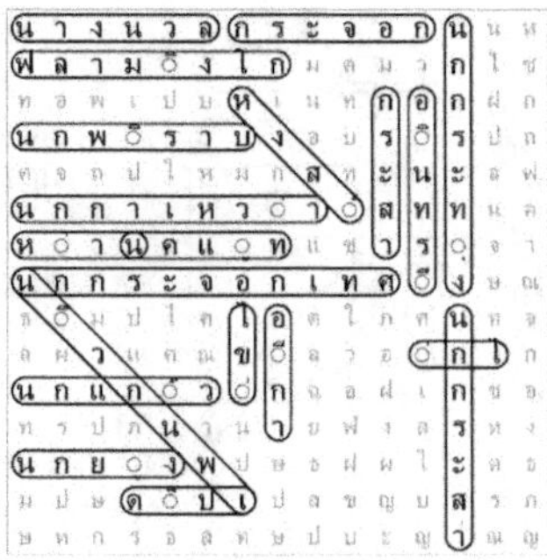

83 - Disciplines Scientifiques

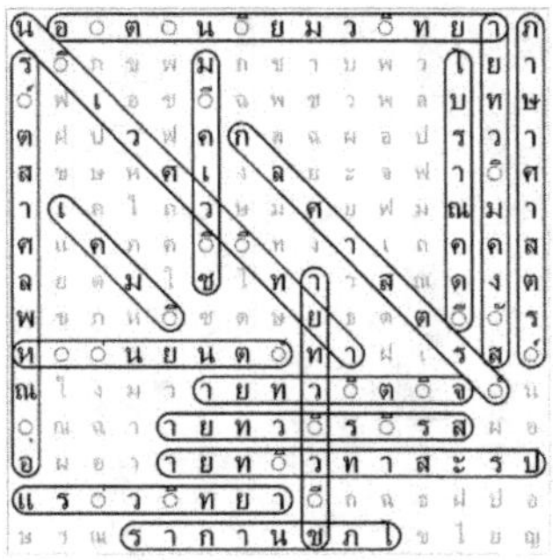

84 - Maladie

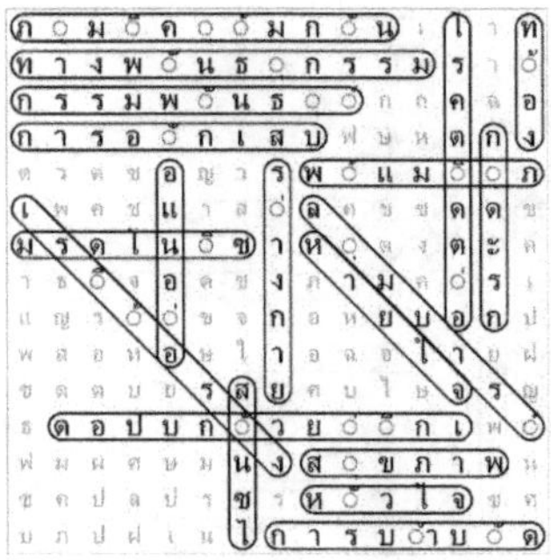

85 - Univers

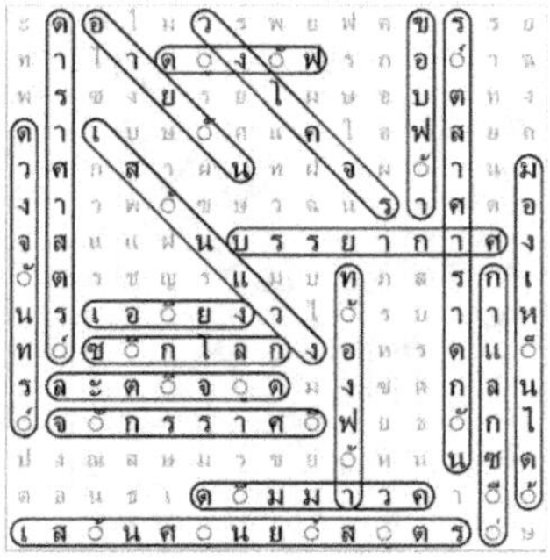

86 - Géographie

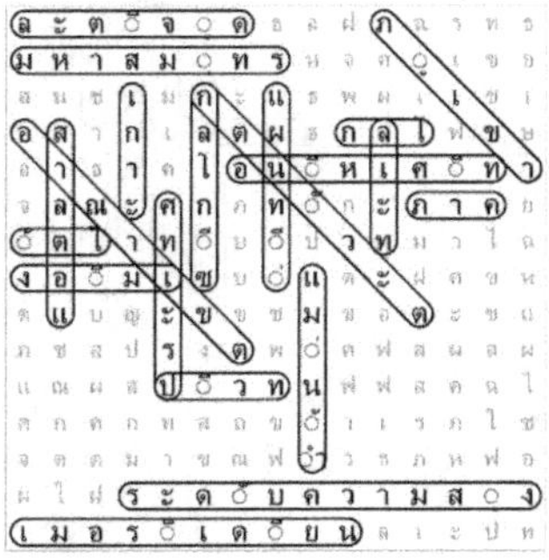

87 - Bâtiments

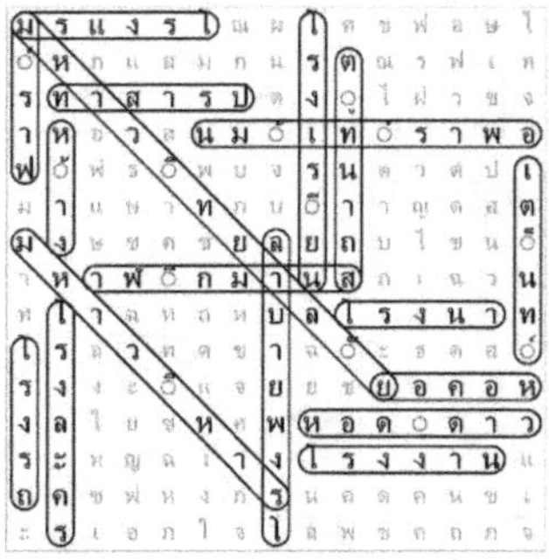

88 - Livres

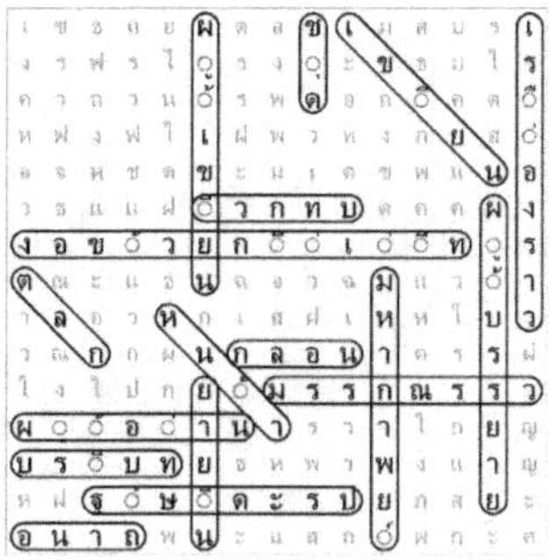

89 - Pays #2

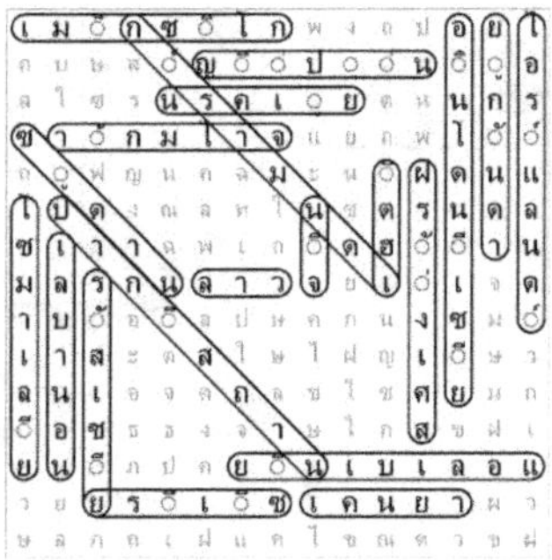

90 - Fournitures d'Art

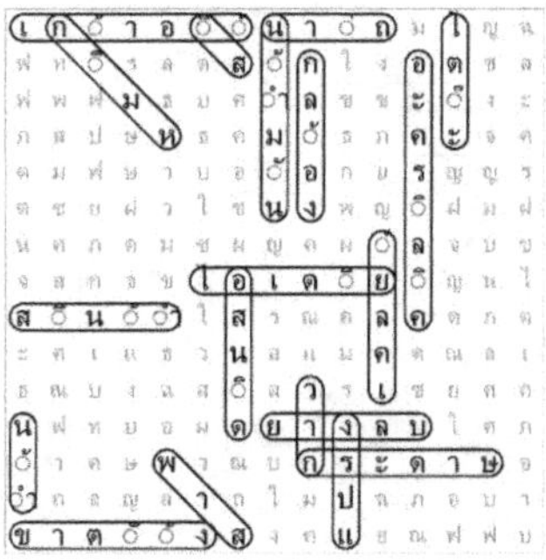

91 - Eau

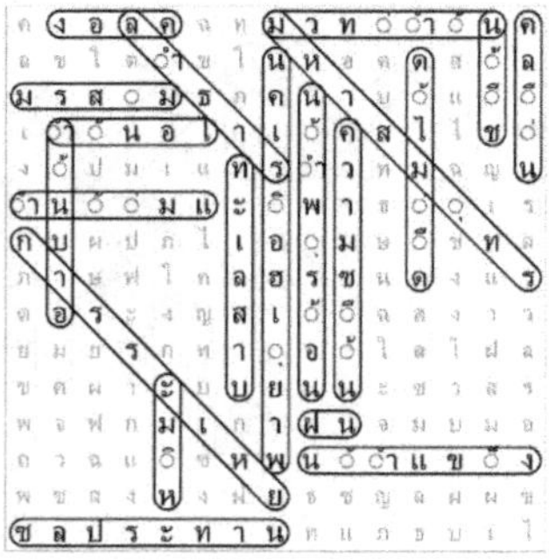

92 - Jazz

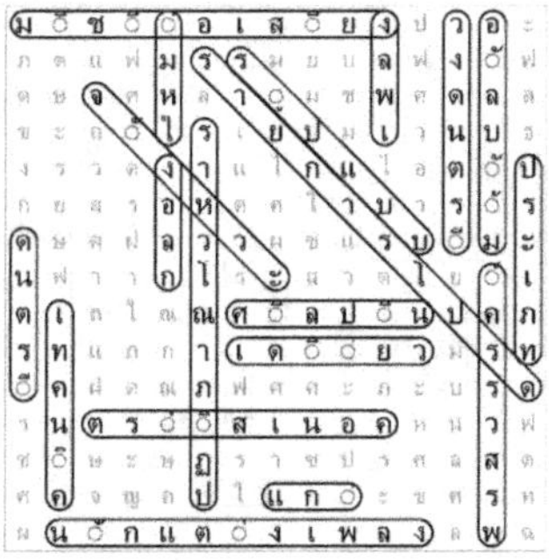

93 - Paysages

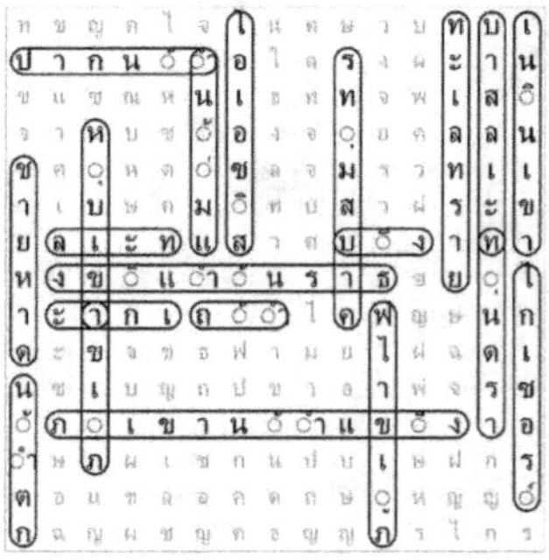

94 - Pays #1

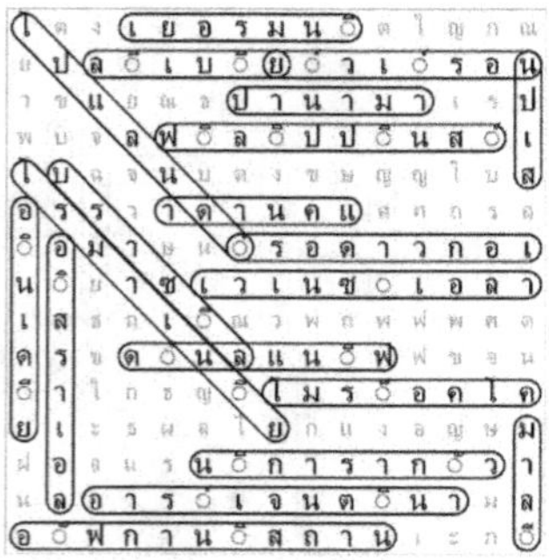

95 - Nombres

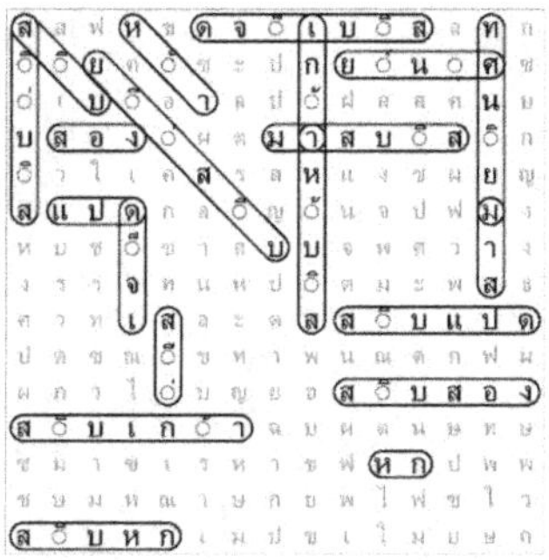

96 - Psychologie

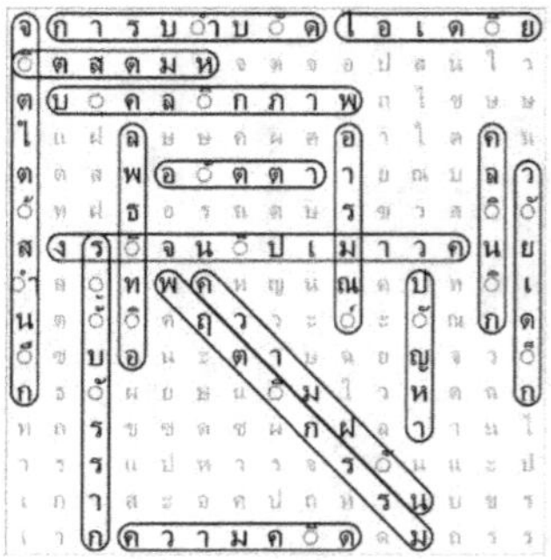

97 - Nature

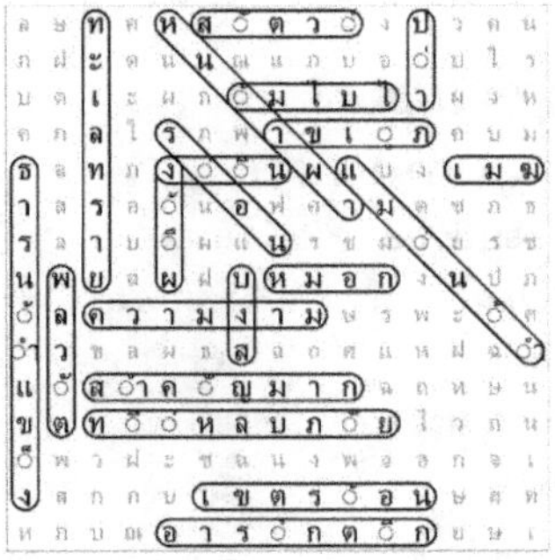

98 - Chimie

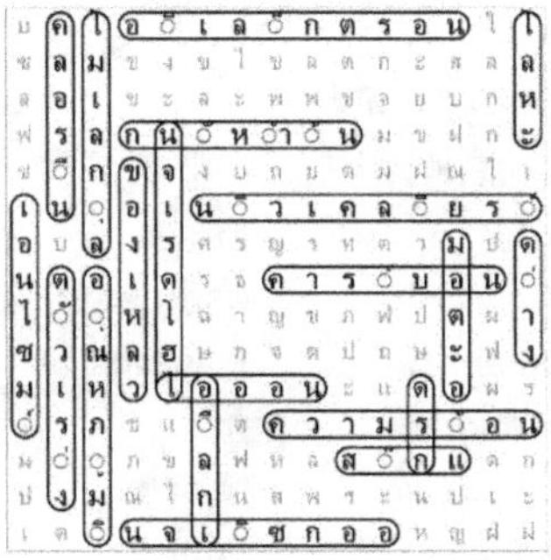

99 - Bateaux

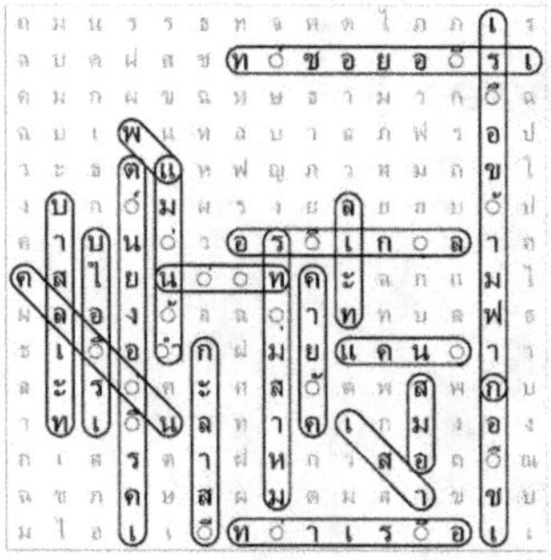

100 - Mesures

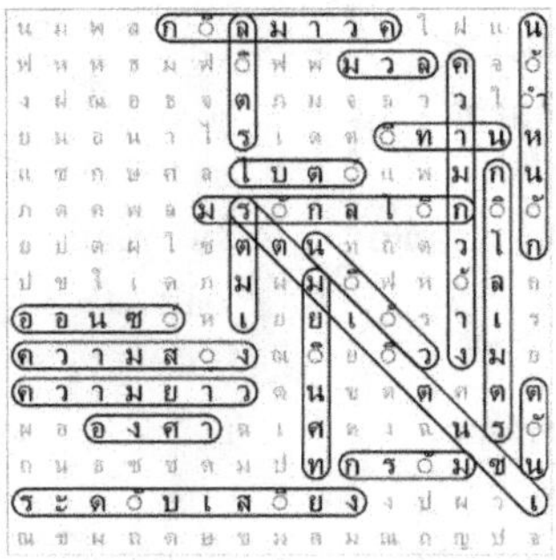

Dictionnaire

Activités
กิจกรรมต่างๆ

Activité	กิจกรรม
Art	ศิลปะ
Artisanat	งานฝีมือ
Céramique	เซรามิก
Chasse	ล่าสัตว์
Compétence	ทักษะ
Couture	การเย็บ
Jardinage	การทำสวน
Jeux	เกม
Lecture	การอ่าน
Loisir	เวลาว่าง
Magie	มายากล
Peinture	ภาพวาด
Pêche	ตกปลา
Photographie	การถ่ายภาพ
Plaisir	ยินดี
Puzzles	ปริศนา
Relaxation	ผ่อนคลาย
Tricot	ถัก

Adjectifs #1
คำคุณศัพท์ #1

Absolu	แน่นอน
Actif	คล่องแคล่ว
Ambitieux	ทะเยอทะยาน
Aromatique	หอม
Artistique	ศิลปะ
Attractif	มีเสน่ห์
Beau	สวย
Exotique	แปลกใหม่
Énorme	ใหญ่
Généreux	ใจกว้าง
Honnête	ซื่อสัตย์
Identique	เหมือนกัน
Important	สำคัญ
Innocent	ผู้บริสุทธิ์
Jeune	หนุ่มสาว
Lent	ช้า
Lourd	หนัก
Mince	บาง
Moderne	ทันสมัย
Parfait	สมบูรณ์

Adjectifs #2
คำคุณศัพท์ #2

Authentique	แท้
Célèbre	มีชื่อเสียง
Créatif	สร้างสรรค์
Descriptif	อธิบาย
Doué	มีพรสวรรค์
Dramatique	ดราม่า
Élégant	สง่า
Fier	ภูมิใจ
Intéressant	น่าสนใจ
Naturel	เป็นธรรมชาติ
Nouveau	ใหม่
Productif	อุดมสมบูรณ์
Puissant	ทรงพลัง
Pur	บริสุทธิ์
Responsable	รับผิดชอบ
Sain	แข็งแรง
Salé	เค็ม
Sauvage	ป่า
Sec	แห้ง
Somnolent	ง่วงนอน

Agronomie
ปฐพีวิทยา

Agriculture	เกษตรกรรม
Durable	ยั่งยืน
Eau	น้ำ
Engrais	ปุ๋ย
Environnement	สิ่งแวดล้อม
Écologie	นิเวศวิทยา
Énergie	พลังงาน
Érosion	ร่อน
Étude	เรียน
Graines	เมล็ด
Légumes	ผัก
Maladies	โรค
Nourriture	อาหาร
Pollution	มลพิษ
Production	การผลิต
Recherche	วิจัย
Rural	ชนบท
Science	วิทยาศาสตร์
Sol	ดิน
Systèmes	ระบบ

Algèbre
พีชคณิต

Diagramme	แผนภาพ
Exposant	ตัวแทน
Équation	สมการ
Facteur	ปัจจัย
Faux	เท็จ
Formule	สูตร
Fraction	เศษส่วน
Graphique	กราฟ
Infini	อนันต์
Linéaire	เชิงเส้น
Matrice	เมตริกซ์
Nombre	ตัวเลข
Parenthèse	วงเล็บ
Problème	ปัญหา
Quantité	ปริมาณ
Simplifier	ทำ
Solution	สารละลาย
Soustraction	การลบ
Variable	ตัวแปร
Zéro	ศูนย์

Antarctique
ทวีปแอนตาร์กติกา

Baie	อ่าว
Baleines	ปลาวาฬ
Chercheur	นักวิจัย
Conservation	การอนุรักษ์
Continent	ทวีป
Eau	น้ำ
Environnement	สิ่งแวดล้อม
Expédition	การเดินทาง
Géographie	ภูมิศาสตร์
Glace	น้ำแข็ง
Glaciers	กลาเซียร์
Îles	หมู่เกาะ
Migration	การโยกย้าย
Minéraux	แร่ธาตุ
Oiseaux	นก
Péninsule	คาบสมุทร
Rocheux	ขรุขระ
Scientifique	วิทยาศาสตร์
Température	อุณหภูมิ
Topographie	ภูมิประเทศ

Antiquités
ของเก่า

Art	ศิลปะ
Authentique	แท้
Décennies	ทศวรรษ
Décoratif	ตกแต่ง
Enchères	ประมูล
Élégant	สง่า
Galerie	แกลเลอรี่
Inhabituel	ผิดปกติ
Investissement	การลงทุน
Meubles	เฟอร์นิเจอร์
Peintures	ภาพวาด
Pièces	เหรียญ
Prix	ราคา
Qualité	คุณภาพ
Restauration	การฟื้นฟู
Sculpture	ประติมากรรม
Siècle	ศตวรรษ
Style	รูปแบบ
Valeur	ค่า
Vieux	แก่

Archéologie
โบราณคดี

Analyse	การวิเคราะห์
Années	ปี
Antiquité	สมัยโบราณ
Chercheur	นักวิจัย
Civilisation	อารยธรรม
Descendant	ลูกหลาน
Expert	ผู้เชี่ยวชาญ
Ère	ยุค
Équipe	ทีม
Évaluation	การประเมิน
Fossile	ฟอสซิล
Inconnu	ไม่ทราบ
Mystère	ความลึกลับ
Objets	วัตถุ
Os	กระดูก
Oublié	ลืม
Professeur	ศาสตราจารย์
Relique	ของที่ระลึก
Temple	วัด
Tombe	หลุมฝังศพ

Art
ศิลปะ

Céramique	เซรามิค
Complexe	ซับซ้อน
Composition	ส่วนประกอบ
Créer	สร้าง
Dépeindre	วาดภาพ
Expression	การแสดงออก
Honnête	ซื่อสัตย์
Humeur	อารมณ์
Original	ต้นฉบับ
Peintures	ภาพวาด
Personnel	ส่วนตัว
Poésie	บทกวี
Sculpture	ประติมากรรม
Simple	ง่าย
Sujet	เรื่อง
Surréalisme	สถิตยศาสตร์
Symbole	สัญลักษณ์
Visuel	ภาพ

Arts Visuels
ทัศนศิลป์

Architecture	สถาปัตยกรรม
Argile	เคลย์
Artiste	ศิลปิน
Céramique	เซรามิก
Charbon	ถ่าน
Chef-D'Œuvre	ผลงานชิ้นเอก
Cire	ขี้ผึ้ง
Composition	ค์ประกอบ
Craie	ชอล์ก
Crayon	ดินสอ
Film	ฟิล์ม
Peinture	ภาพวาด
Perspective	มุมมอง
Photographie	ภาพถ่าย
Pochoir	สเตนซิล
Portrait	แนวตั้ง
Poterie	เครื่องดินเผา
Sculpture	ประติมากรรม
Stylo	ปากกา

Astronomie
ดาราศาสตร์

Astronaute	นักบินอวกาศ
Astronome	นักดาราศาสตร์
Ciel	ท้องฟ้า
Constellation	กลุ่มดาว
Éclipse	คราส
Équinoxe	วิษุวัต
Fusée	จรวด
Galaxie	กาแลกซี่
Lune	ดวงจันทร์
Météore	ดาวตก
Nébuleuse	เนบิวลา
Observatoire	หอดูดาว
Planète	ดาวเคราะห์
Radiation	รังสี
Satellite	ดาวเทียม
Solaire	แสงอาทิตย์
Supernova	ซูเปอร์โนวา
Terre	โลก
Univers	จักรวาล
Zodiaque	จักรราศี

Aventure
การผจญภัย

Activité	กิจกรรม
Amis	เพื่อน
Beauté	ความงาม
Bravoure	ความกล้าหาญ
Chance	โอกาส
Dangereux	อันตราย
Destination	ปลายทาง
Défis	ความท้าทาย
Difficulté	ความยาก
Excursion	ทัศนศึกษา
Inhabituel	ผิดปกติ
Joie	จอย
Nature	ธรรมชาติ
Navigation	นำร่อง
Nouveau	ใหม่
Préparation	การตระเตรียม
Sécurité	ความปลอดภัย
Surprenant	น่าแปลกใจ
Voyages	การเดินทาง

Avions
เครื่องบิน

Air	อากาศ
Altitude	ระดับความสูง
Atmosphère	บรรยากาศ
Atterrissage	ท่าเรือ
Aventure	การผจญภัย
Ballon	ลูกโป่ง
Carburant	เชื้อเพลิง
Ciel	ท้องฟ้า
Construction	การก่อสร้าง
Descente	การตกทอด
Direction	ทิศทาง
Équipage	ลูกเรือ
Gonfler	พอง
Hauteur	ความสูง
Histoire	ประวัติศาสตร์
Hydrogène	ไฮโดรเจน
Moteur	เครื่องยนต์
Passager	ผู้โดยสาร
Pilote	นักบิน
Turbulence	ความปั่นป่วน

Ballet
บัลเล่ต์

Applaudissement	เสียงปรบมือ
Artistique	ศิลปะ
Compétence	ทักษะ
Compositeur	นักแต่งเพลง
Danseurs	นักเต้น
Expressif	แสดงออก
Geste	ท่าทาง
Gracieux	สง่างาม
Intensité	ความเข้มข้น
Leçons	บทเรียน
Muscles	กล้ามเนื้อ
Musique	ดนตรี
Orchestre	วงดนตรี
Public	ผู้ชม
Répétition	ซ้อม
Rythme	จังหวะ
Solo	เดี่ยว
Style	รูปแบบ
Technique	เทคนิค

Barbecues
บาร์บีคิว

Chaud	ร้อน
Couteaux	มีด
Déjeuner	อาหารกลางวัน
Dîner	อาหารเย็น
Été	ฤดูร้อน
Faim	ความหิว
Famille	ครอบครัว
Fourchettes	ส้อม
Fruit	ผลไม้
Gril	ย่าง
Jeux	เกม
Légumes	ผัก
Musique	ดนตรี
Oignons	หัวหอม
Poivre	พริกไทย
Poulet	ไก่
Salades	สลัด
Sauce	ซอส
Sel	เกลือ
Tomates	มะเขือเทศ

Bateaux
เรือ

Ancre	สมอ
Bouée	ทุ่น
Canoë	แคนู
Corde	เชือก
Dock	ท่าเรือ
Équipage	ลูกเรือ
Ferry	เรือข้ามฟาก
Fleuve	แม่น้ำ
Kayak	คายัค
Lac	ทะเลสาบ
Marin	กะลาสี
Mât	เสา
Mer	ทะเล
Moteur	เครื่องยนต์
Océan	มหาสมุทร
Radeau	แพ
Vagues	คลื่น
Voilier	เรือใบ
Yacht	เรือยอชท์

Bâtiments
สิ่งปลูกสร้าง

Ambassade	สถานทูต
Appartement	อพาร์ทเม้น
Cabine	ห้าง
Cathédrale	มหาวิหาร
Château	ปราสาท
Cinéma	โรงภาพยนตร์
École	โรงเรียน
Ferme	ฟาร์ม
Garage	โรงรถ
Grange	โรงนา
Hôpital	โรงพยาบาล
Hôtel	โรงแรม
Musée	พิพิธภัณฑ์
Observatoire	หอดูดาว
Stade	สนามกีฬา
Tente	เต็นท์
Théâtre	โรงละคร
Tour	หอคอย
Université	มหาวิทยาลัย
Usine	โรงงาน

Beauté
ความงาม

Boucles	หยิก
Charme	เสน่ห์
Ciseaux	กรรไกร
Cosmétique	เครื่องสำอาง
Couleur	สี
Élégance	ความงดงาม
Élégant	สง่า
Grâce	เกรซ
Huiles	น้ำมัน
Lisse	เรียบ
Maquillage	แต่งหน้า
Mascara	มาสคาร่า
Miroir	กระจก
Parfum	กลิ่นหอม
Peau	ผิว
Photogénique	ถ่ายรูป
Rouge à Lèvres	ลิปสติก
Services	บริการ
Shampooing	แชมพู
Styliste	สไตลิสต์

Biologie
ชีววิทยา

Bactéries	แบคทีเรีย
Cellule	เซลล์
Chromosome	โครโมโซม
Collagène	คอลลาเจน
Embryon	เอ็มบริโอ
Enzyme	เอนไซม์
Espèce	สายพันธุ์
Évolution	วิวัฒนาการ
Hormone	ฮอร์โมน
Mutation	การกลายพันธุ์
Naturel	เป็นธรรมชาติ
Nerf	เส้นประสาท
Neurone	เซลล์ประสาท
Noyau	นิวเคลียส
Osmose	ออสโมซิส
Pathogène	เชื้อโรค
Protéine	โปรตีน
Respiration	การหายใจ
Symbiose	ซิมไบโอซิส
Synapse	ไซแนปส์

Boxe
การต่อยมวย

Adversaire	คู่แข่ง
Arbitre	ผู้ตัดสิน
Cloche	ระฆัง
Coin	มุม
Combattant	นักสู้
Compétence	ทักษะ
Concentrer	โฟกัส
Cordes	เชือก
Corps	ร่างกาย
Coude	ข้อศอก
Coup	เตะ
Épuisé	เหนื่อย
Force	แรง
Gants	ถุงมือ
Menton	คาง
Poing	กำปั้น
Points	คะแนน
Rapide	เร็ว
Récupération	การกู้คืน

Café
กาแฟ

Amer	ขม
Arôme	กลิ่นหอม
Boire	ดื่ม
Boisson	เครื่องดื่ม
Caféine	คาเฟอีน
Crème	ครีม
Eau	น้ำ
Filtre	กรอง
Lait	นม
Liquide	ของเหลว
Matin	เช้า
Moudre	บด
Noir	สีดำ
Origine	ที่มา
Prix	ราคา
Saveur	รสชาติ
Sucre	น้ำตาล
Tasse	ถ้วย
Variété	ความหลากหลาย

Camping
ค่ายพักแรม

Animaux	สัตว์
Arbres	ต้นไม้
Aventure	การผจญภัย
Boussole	เข็มทิศ
Cabine	ห้าง
Canoë	แคนู
Carte	แผนที่
Chapeau	หมวก
Chasse	ล่าสัตว์
Corde	เชือก
Équipement	อุปกรณ์
Feu	ไฟ
Forêt	ป่า
Hamac	เปลญวน
Insecte	แมลง
Lac	ทะเลสาบ
Lune	ดวงจันทร์
Montagne	ภูเขา
Nature	ธรรมชาติ
Tente	เต็นท์

Chimie
เคมีภัณฑ์

Acide	กรด
Alcalin	ด่าง
Atomique	อะตอม
Carbone	คาร์บอน
Catalyseur	ตัวเร่ง
Chaleur	ความร้อน
Chlore	คลอรีน
Enzyme	เอนไซม์
Électron	อิเล็กตรอน
Gaz	แก๊ส
Hydrogène	ไฮโดรเจน
Ion	ไอออน
Liquide	ของเหลว
Métaux	โลหะ
Molécule	โมเลกุล
Nucléaire	นิวเคลียร์
Oxygène	ออกซิเจน
Poids	น้ำหนัก
Sel	เกลือ
Température	อุณหภูมิ

Chocolat
ช็อกโกแลต

Amer	ขม
Arôme	กลิ่นหอม
Artisanal	ช่างฝีมือ
Bonbon	ลูกอม
Cacahuètes	ถั่ว
Cacao	โกโก้
Calories	แคลอรี่
Caramel	คาราเมล
Délicieux	อร่อย
Doux	หวาน
Exotique	แปลกใหม่
Favori	ที่ชื่นชอบ
Goût	รส
Ingrédient	ส่วนผสม
Noix de Coco	มะพร้าว
Poudre	ผง
Qualité	คุณภาพ
Recette	สูตรอาหาร
Saveur	รสชาติ
Sucre	น้ำตาล

Conduite
การขับรถ

Accident	อุบัติเหตุ
Camion	รถบรรทุก
Carburant	เชื้อเพลิง
Carte	แผนที่
Danger	อันตราย
Freins	เบรค
Garage	โรงรถ
Gaz	แก๊ส
Licence	ใบอนุญาต
Moteur	เครื่องยนต์
Moto	รถจักรยานยนต์
Piéton	คนเดินเท้า
Police	ตำรวจ
Route	ถนน
Sécurité	ความปลอดภัย
Trafic	การจราจร
Transport	การขนส่ง
Tunnel	อุโมงค์
Vitesse	ความเร็ว
Voiture	รถ

Corps Humain
ร่างกายมนุษย์

Bouche	ปาก
Cerveau	สมอง
Cheville	ข้อเท้า
Cou	คอ
Coude	ข้อศอก
Cœur	หัวใจ
Doigt	นิ้ว
Estomac	ท้อง
Épaule	ไหล่
Genou	เข่า
Lèvres	โอษฐ์
Main	มือ
Mâchoire	ขากรรไกร
Menton	คาง
Nez	จมูก
Oreille	หู
Peau	ผิว
Sang	เลือด
Tête	หัว
Visage	หน้า

Créativité
ความคิดสร้างสรรค์

Artistique	ศิลปะ
Authenticité	แท้
Clarté	ความชัดเจน
Compétence	ทักษะ
Dramatique	ดราม่า
Expression	การแสดงออก
Émotions	อารมณ์
Fluidité	ไหล
Idées	ไอเดีย
Image	ภาพ
Imagination	จินตนาการ
Impression	ความประทับใจ
Inspiration	แรงบันดาลใจ
Intensité	ความเข้มข้น
Intuition	ปรีชา
Inventif	ประดิษฐ์
Sentiments	ความรู้สึก
Spontané	โดยธรรมชาติ
Visions	นิมิต
Vitalité	พลัง

Diplomatie
การทูต

Ambassade	สถานทูต
Ambassadeur	เอกอัครราชทูต
Citoyens	พลเมือง
Communauté	ชุมชน
Conflit	ความขัดแย้ง
Conseiller	ที่ปรึกษา
Coopération	ความร่วมมือ
Diplomatique	นักการทูต
Discussion	อย่าง
Éthique	จริยธรรม
Étranger	ต่างชาติ
Gouvernement	รัฐบาล
Humanitaire	มนุษยธรรม
Intégrité	ความซื่อสัตย์
Justice	ความยุติธรรม
Politique	การเมือง
Résolution	ความละเอียด
Sécurité	ความปลอดภัย
Solution	สารละลาย
Traité	สนธิสัญญา

Disciplines Scientifiques
สาขาวิชาวิทยาศาสตร์

Archéologie	โบราณคดี
Astronomie	ดาราศาสตร์
Biochimie	ชีวเคมี
Biologie	ชีววิทยา
Botanique	พฤกษศาสตร์
Chimie	เคมี
Écologie	นิเวศวิทยา
Géologie	ธรณีวิทยา
Linguistique	ภาษาศาสตร์
Mécanique	กลศาสตร์
Météorologie	อุตุนิยมวิทยา
Minéralogie	แร่วิทยา
Neurologie	ประสาทวิทยา
Nutrition	โภชนาการ
Physiologie	สรีรวิทยา
Psychologie	จิตวิทยา
Robotique	หุ่นยนต์
Sociologie	สังคมวิทยา
Thermodynamique	อุณหพลศาสตร์
Zoologie	สัตววิทยา

Eau
น้ำ

Canal	คลอง
Douche	อาบน้ำ
Évaporation	การระเหย
Fleuve	แม่น้ำ
Flux	ลำธาร
Geyser	น้ำพุร้อน
Glace	น้ำแข็ง
Humide	ชื้น
Humidité	ความชื้น
Inondation	น้ำท่วม
Irrigation	ชลประทาน
Lac	ทะเลสาบ
Mousson	มรสุม
Neige	หิมะ
Océan	มหาสมุทร
Ouragan	พายุเฮอริเคน
Pluie	ฝน
Potable	ดื่มได้
Vagues	คลื่น
Vapeur	ไอน้ำ

Entreprise
ธุรกิจ

Argent	เงิน
Boutique	ร้าน
Budget	งบประมาณ
Bureau	ออฟฟิศ
Carrière	อาชีพ
Coût	ค่าใช้จ่าย
Devise	เงินตรา
Employeur	นายจ้าง
Employé	พนักงาน
Entreprise	บริษัท
Économie	เศรษฐศาสตร์
Finance	การเงิน
Impôts	ภาษี
Investissement	การลงทุน
Marchandise	สินค้า
Profit	กำไร
Revenu	รายได้
Transaction	ธุรกรรม
Usine	โรงงาน
Vente	ขาย

Échecs
หมากรุก

Adversaire	คู่แข่ง
Apprendre	เรียนรู้
Blanc	ขาว
Champion	แชมป์
Défis	ความท้าทาย
Diagonal	เส้นทแยงมุม
Intelligent	ฉลาด
Jeu	เกม
Joueur	ผู้เล่น
Noir	สีดำ
Passif	รู
Points	คะแนน
Reine	ควีน
Règles	กฎ
Roi	กษัตริย์
Sacrifice	อุทิศ
Stratégie	กลยุทธ์
Temps	เวลา
Tournoi	การแข่งขัน

Écologie
นิเวศวิทยา

Bénévoles	อาสาสมัคร
Climat	ภูมิอากาศ
Communautés	ชุมชน
Diversité	ความหลากหลาย
Durable	ยั่งยืน
Espèce	สายพันธุ์
Faune	สัตว์ป่า
Flore	ฟลอรา
Global	ทั่วโลก
Habitat	ที่อยู่อาศัย
Marais	บึง
Marin	ทะเล
Montagnes	ภูเขา
Nature	ธรรมชาติ
Naturel	เป็นธรรมชาติ
Ressources	ทรัพยากร
Sécheresse	แล้ง
Survie	การอยู่รอด
Végétation	พืช

Énergie
พลังงาน

Batterie	แบตเตอรี่
Carbone	คาร์บอน
Carburant	เชื้อเพลิง
Chaleur	ความร้อน
Diesel	ดีเซล
Entropie	เอนโทรปี
Environnement	สิ่งแวดล้อม
Essence	น้ำมันเบนซิน
Électrique	ไฟฟ้า
Électron	อิเล็กตรอน
Hydrogène	ไฮโดรเจน
Industrie	อุตสาหกรรม
Moteur	เครื่องยนต์
Nucléaire	นิวเคลียร์
Photon	โฟตอน
Pollution	มลพิษ
Renouvelable	ทดแทน
Soleil	ดวงอาทิตย์
Turbine	กังหัน
Vent	ลม

Épices
เครื่องเทศ

Aigre	เปรี้ยว
Ail	กระเทียม
Amer	ขม
Anis	โป๊ยกั๊ก
Cannelle	อบเชย
Cardamome	กระวาน
Coriandre	ผักชี
Cumin	ผงยี่หร่า
Curry	แกง
Fenouil	เม็ดยี่หร่า
Gingembre	ขิง
Muscade	นัทเม็ก
Oignon	หัวหอม
Paprika	ปาปริก้า
Poivre	พริกไทย
Réglisse	ชะเอมเทศ
Safran	หญ้าฝรั่น
Saveur	รสชาติ
Sel	เกลือ
Vanille	วนิลา

Famille
ครอบครัว

Ancêtre	บรรพบุรุษ
Cousin	ลูกพี่ลูกน้อง
Enfance	วัยเด็ก
Enfant	เด็ก
Femme	ภรรยา
Fille	ลูกสาว
Frère	น้องชาย
Grand-Mère	ยาย
Grand-Père	ปู่
Jumeaux	ฝาแฝด
Mari	สามี
Maternel	มารดา
Mère	แม่
Neveu	หลานชาย
Nièce	หลานสาว
Oncle	ลุง
Paternel	พ่อ
Petit-Enfant	หลาน
Soeur	น้องสาว
Tante	ป้า

Ferme #1
ฟาร์ม #1

Abeille	ผึ้ง
Agriculture	เกษตรกรรม
Âne	ลา
Bison	กระทิง
Champ	สนาม
Chat	แมว
Cheval	ม้า
Chèvre	แพะ
Chien	หมา
Clôture	รั้ว
Corbeau	อีกา
Eau	น้ำ
Engrais	ปุ๋ย
Foin	ฟาง
Miel	น้ำผึ้ง
Poulet	ไก่
Riz	ข้าว
Troupeau	ฝูง
Vache	วัว
Veau	น่อง

Ferme #2
ฟาร์ม #2

Agneau	ลูกแกะ
Agriculteur	ชาวนา
Animaux	สัตว์
Berger	คนเลี้ยงแกะ
Blé	ข้าวสาลี
Canard	เป็ด
Fruit	ผลไม้
Grange	โรงนา
Irrigation	ชลประทาน
Lait	นม
Lama	ลามา
Légume	ผัก
Maïs	ข้าวโพด
Mouton	แกะ
Nourriture	อาหาร
Orge	บาร์เล่ย์
Pré	ทุ่งหญ้า
Ruche	รังผึ้ง
Tracteur	รถแทรกเตอร์
Verger	สวนผลไม้

Fleurs
ดอกไม้

Bouquet	ช่อดอกไม้
Gardénia	พุด
Hibiscus	ชบา
Jasmin	มะลิ
Lavande	ลาเวนเดอร์
Lilas	ม่วง
Lys	ลิลลี่
Magnolia	แมกโนเลีย
Marguerite	เดซี่
Orchidée	กล้วยไม้
Passiflore	เสาวรส
Pavot	ป๊อปปี้
Pétale	กลีบ
Pissenlit	แดนดิไลออน
Pivoine	โบตั๋น
Rose	กุหลาบ
Tournesol	ดอกทานตะวัน
Trèfle	โคลเวอร์
Tulipe	ทิวลิป

Force et Gravité
แรงและแรงโน้มถ่วง

Axe	แกน
Centre	ศูนย์กลาง
Découverte	การค้นพบ
Distance	ระยะทาง
Dynamique	พลวัต
Expansion	การขยายตัว
Élan	โมเมนตัม
Friction	แรงเสียดทาน
Impact	ผลกระทบ
Magnétisme	แม่เหล็ก
Mécanique	กลศาสตร์
Mouvement	การเคลื่อนไหว
Orbite	วงโคจร
Physique	ฟิสิกส์
Poids	น้ำหนัก
Pression	ความดัน
Propriétés	คุณสมบัติ
Temps	เวลา
Universel	สากล
Vitesse	ความเร็ว

Fournitures d'Art
อุปกรณ์ศิลปะ

Acrylique	อะคริลิค
Aquarelles	สีน้ำ
Argile	เคลย์
Brosses	แปรง
Caméra	กล้อง
Chaise	เก้าอี้
Charbon	ถ่าน
Chevalet	ขาตั้ง
Colle	กาว
Couleurs	สี
Crayons	ดินสอ
Eau	น้ำ
Encre	หมึก
Gomme	ยางลบ
Huile	น้ำมัน
Idées	ไอเดีย
Papier	กระดาษ
Pastels	พาส
Table	โต๊ะ

Fruit
ผลไม้

Abricot	แอปริคอท
Ananas	สัปปะรด
Avocat	อาโวคาโด
Baie	เบอร์รี่
Banane	กล้วย
Cerise	เชอร์รี่
Citron	มะนาว
Figue	มะเดื่อ
Framboise	ราสเบอร์รี่
Goyave	ฝรั่ง
Kiwi	กีวี่
Mangue	มะม่วง
Melon	เมลอน
Nectarine	เนคทารีน
Orange	ส้ม
Papaye	มะละกอ
Pêche	พีช
Poire	ลูกแพร์
Pomme	แอปเปิ้ล
Raisin	องุ่น

Géographie
ภูมิศาสตร์

Altitude	ระดับความสูง
Atlas	แอตลาส
Carte	แผนที่
Continent	ทวีป
Fleuve	แม่น้ำ
Hémisphère	ซีกโลก
Île	เกาะ
Latitude	ละติจูด
Mer	ทะเล
Méridien	เมอริเดียน
Monde	โลก
Montagne	ภูเขา
Nord	ทิศเหนือ
Océan	มหาสมุทร
Ouest	ตะวันตก
Pays	ประเทศ
Région	ภาค
Sud	ใต้
Territoire	อาณาเขต
Ville	เมือง

Géologie
ธรณีวิทยา

Acide	กรด
Calcium	แคลเซียม
Caverne	ถ้ำ
Continent	ทวีป
Corail	ปะการัง
Couche	ชั้น
Cristaux	คริสตัล
Érosion	ร่อน
Fondu	เหลว
Fossile	ฟอสซิล
Geyser	ไกเซอร์
Lave	ลาวา
Minéraux	แร่ธาตุ
Pierre	หิน
Plateau	ที่ราบสูง
Quartz	ควอทซ์
Sel	เกลือ
Stalactite	หินย้อย
Volcan	ภูเขาไฟ
Zone	โซน

Géométrie
รูปทรงเรขาคณิต

Angle	มุม
Calcul	การคำนวณ
Cercle	วงกลม
Courbe	เส้นโค้ง
Dimension	มิติ
Équation	สมการ
Hauteur	ความสูง
Logique	ตรรกะ
Masse	มวล
Médian	มัธยฐาน
Nombre	ตัวเลข
Parallèle	ขนาน
Perpendiculaire	ตั้งฉาก
Proportion	สัดส่วน
Segment	ส่วน
Surface	พื้นผิว
Symétrie	สมมาตร
Théorie	ทฤษฎี
Triangle	สามเหลี่ยม
Vertical	แนวตั้ง

Gouvernement
รัฐบาล

Civil	พลเรือน
Constitution	รัฐธรรมนูญ
Démocratie	ประชาธิปไตย
Discours	คำพูด
Discussion	อย่าง
District	เขต
Droits	สิทธิ
Égalité	ความเสมอภาค
État	รัฐ
Indépendance	อิสระ
Judiciaire	ตุลาการ
Justice	ความยุติธรรม
Liberté	เสรีภาพ
Loi	กฎหมาย
Monument	อนุสาวรีย์
Nation	ประเทศ
National	ระดับชาติ
Paisible	สงบ
Politique	การเมือง
Symbole	สัญลักษณ์

Herboristerie
ยาสมุนไพร

Ail	กระเทียม
Aromatique	หอม
Basilic	โหระพา
Bénéfique	เป็นประโยชน์
Culinaire	การทำอาหาร
Estragon	ทาร์รากอน
Fenouil	เม็ดยี่หร่า
Fleur	ดอกไม้
Ingrédient	ส่วนผสม
Jardin	สวน
Lavande	ลาเวนเดอร์
Marjolaine	มาร์โจแรม
Menthe	มินต์
Persil	ผักชีฝรั่ง
Qualité	คุณภาพ
Romarin	โรสแมรี่
Safran	หญ้าฝรั่น
Saveur	รสชาติ
Thym	ไธม์
Vert	เขียว

Ingénierie
วิศวกรรม

Angle	มุม
Axe	แกน
Calcul	การคำนวณ
Construction	การก่อสร้าง
Diagramme	แผนภาพ
Diesel	ดีเซล
Distribution	การกระจาย
Engrenages	เกียร์
Énergie	พลังงาน
Force	แรง
Leviers	คันโยก
Liquide	ของเหลว
Machine	เครื่องจักร
Mesure	การวัด
Moteur	เครื่องยนต์
Profondeur	ความลึก
Propulsion	แรงขับ
Rotation	การหมุน
Stabilité	ความมั่นคง
Structure	โครงสร้าง

Insectes
แมลง

Abeille	ผึ้ง
Cafard	แมลงสาบ
Cigale	จักจั่น
Coccinelle	เต่าทอง
Criquet	ปาทังกา
Fourmi	มด
Frelon	แตน
Guêpe	ต่อ
Larve	ตัวอ่อน
Libellule	แมลงปอ
Mante	กงแตนแตน
Moustique	ยุง
Papillon	ผีเสื้อ
Puce	เห็บ
Puceron	เพลี้ย
Sauterelle	ตั๊กแตน
Scarabée	ด้วง
Termite	ปลวก
Ver	หนอน

Instruments de Musique
เครื่องดนตรี

Banjo	แบนโจ
Basson	ปี่บาสซูน
Carillons	ตีระฆัง
Clarinette	คลาริเน็ต
Flûte	ขลุ่ย
Gong	ฆ้อง
Guitare	กีตาร์
Harmonica	ฮาร์โมนิก้า
Harpe	ฮาร์ป
Hautbois	โอโบ
Mandoline	แมนโดลิน
Marimba	มาริมบา
Piano	เปียโน
Saxophone	แซกโซโฟน
Tambour	กลอง
Tambourin	แทมบูรีน
Trombone	ทรอมโบน
Trompette	แตร
Violon	ไวโอลิน
Violoncelle	เชลโล

Jardin
สวนหย่อม

Arbre	ต้นไม้
Banc	ม้านั่ง
Buisson	บุช
Clôture	รั้ว
Étang	บ่อน้ำ
Fleur	ดอกไม้
Garage	โรงรถ
Hamac	เปลญวน
Herbe	หญ้า
Jardin	สวน
Mauvaises Herbes	วัชพืช
Pelle	พลั่ว
Pelouse	สนามหญ้า
Porche	ระเบียง
Râteau	คราด
Sol	ดิน
Terrasse	ชานบ้าน
Trampoline	แทรมโพลีน
Tuyau	ท่อ
Verger	สวนผลไม้

Jazz
แจ๊ส

Album	อัลบั้ม
Artiste	ศิลปิน
Célèbre	มีชื่อเสียง
Chanson	เพลง
Compositeur	นักแต่งเพลง
Composition	ส่วนประกอบ
Concert	คอนเสิร์ต
Favoris	รายการโปรด
Genre	ประเภท
Improvisation	ปฏิภาณโวหาร
Musique	ดนตรี
Nouveau	ใหม่
Orchestre	วงดนตรี
Rythme	จังหวะ
Solo	เดี่ยว
Style	รูปแบบ
Talent	พรสวรรค์
Tambours	กลอง
Technique	เทคนิค
Vieux	แก่

Jours et Mois
วันและเดือน

Août	สิงหาคม
Avril	เมษายน
Calendrier	ปฏิทิน
Dimanche	วันอาทิตย์
Février	กุมภาพันธ์
Janvier	มกราคม
Jeudi	วันพฤหัสบดี
Juillet	กรกฎาคม
Juin	มิถุนายน
Lundi	วันจันทร์
Mardi	วันอังคาร
Mars	มีนาคม
Mercredi	วันพุธ
Mois	เดือน
Novembre	พฤศจิกายน
Octobre	ตุลาคม
Samedi	วันเสาร์
Semaine	สัปดาห์
Septembre	กันยายน
Vendredi	วันศุกร์

L'Entreprise
บริษัท

Affaires	ธุรกิจ
Créatif	สร้างสรรค์
Décision	การตัดสินใจ
Emploi	การจ้างงาน
Global	ทั่วโลก
Industrie	อุตสาหกรรม
Innovant	นวัตกรรม
Investissement	การลงทุน
Possibilité	ความเป็นไปได้
Présentation	การนำเสนอ
Produit	ผลิตภัณฑ์
Professionnel	มืออาชีพ
Progrès	ความคืบหน้า
Qualité	คุณภาพ
Ressources	ทรัพยากร
Revenu	รายได้
Réputation	ชื่อเสียง
Risques	ความเสี่ยง
Salaire	ค่าจ้าง
Unités	หน่วย

Les Abeilles
ผึ้ง

Ailes	ปีก
Bénéfique	เป็นประโยชน์
Cire	ขี้ผึ้ง
Diversité	ความหลากหลาย
Essaim	ฝูง
Écosystème	ระบบนิเวศ
Fleur	ดอก
Fleurs	ดอกไม้
Fruit	ผลไม้
Fumée	ควัน
Habitat	ที่อยู่อาศัย
Insecte	แมลง
Jardin	สวน
Miel	น้ำผึ้ง
Nourriture	อาหาร
Plantes	พืช
Pollen	เรณู
Reine	ควีน
Ruche	รัง
Soleil	ดวงอาทิตย์

Les Médias
สื่อมวลชน

Attitudes	ทัศนคติ
Commercial	โฆษณา
Communication	การสื่อสาร
En Ligne	ออนไลน์
Édition	ฉบับ
Éducation	การศึกษา
Faits	ข้อเท็จจริง
Images	ภาพ
Individuel	รายบุคคล
Industrie	อุตสาหกรรม
Intellectuel	สติปัญญา
Journaux	หนังสือพิมพ์
Local	ท้องถิ่น
Numérique	ดิจิทัล
Opinion	ความเห็น
Photos	ภาพถ่าย
Public	สาธารณะ
Radio	วิทยุ
Réseau	เครือข่าย
Télévision	โทรทัศน์

Légumes
ผักสด

Ail	กระเทียม
Artichaut	อาติโช๊ค
Aubergine	มะเขือ
Brocoli	บรอกโคลี
Carotte	แครอท
Céleri	ขึ้นฉ่าย
Champignon	เห็ด
Citrouille	ฟักทอง
Concombre	แตงกวา
Échalote	หอม
Épinard	ผักโขม
Gingembre	ขิง
Navet	หัวผักกาด
Oignon	หัวหอม
Olive	มะกอก
Persil	ผักชีฝรั่ง
Pois	ถั่ว
Radis	หัวไชเท้า
Salade	สลัด
Tomate	มะเขือเทศ

Littérature
วรรณกรรม

Analogie	อะนาล็อก
Analyse	การวิเคราะห์
Auteur	ผู้เขียน
Biographie	ชีวประวัติ
Conclusion	บทสรุป
Description	ลักษณะ
Dialogue	บทพูด
Genre	ประเภท
Métaphore	คำอุปมา
Narrateur	ผู้บรรยาย
Narratif	เรื่องเล่า
Opinion	ความเห็น
Poème	กลอน
Poétique	บทกวี
Rime	สัมผัส
Roman	นิยาย
Rythme	จังหวะ
Style	รูปแบบ
Thème	ธีม
Tragédie	โศกนาฏกรรม

Livres
หนังสือ

Auteur	ผู้เขียน
Aventure	การผจญภัย
Collection	ชุด
Contexte	บริบท
Dualité	ความเป็นคู่
Écrit	เขียน
Épique	มหากาพย์
Histoire	เรื่องราว
Historique	ประวัติศาสตร์
Humoristique	ตลก
Inventif	ประดิษฐ์
Lecteur	ผู้อ่าน
Littéraire	วรรณกรรม
Narrateur	ผู้บรรยาย
Page	หน้า
Pertinent	ที่เกี่ยวข้อง
Poème	กลอน
Poésie	บทกวี
Roman	นิยาย
Tragique	อนาถ

Maison
บ้าน

Balai	ไม้กวาด
Bibliothèque	ห้องสมุด
Chambre	ห้อง
Cheminée	เตาผิง
Clés	คีย์
Clôture	รั้ว
Cuisine	ครัว
Douche	อาบน้ำ
Fenêtre	หน้าต่าง
Garage	โรงรถ
Grenier	ห้องใต้หลังคา
Jardin	สวน
Lampe	โคมไฟ
Miroir	กระจก
Mur	ผนัง
Plafond	เพดาน
Porte	ประตู
Rideaux	ผ้าม่าน
Tapis	พรม
Toit	หลังคา

Maladie
โรค

Abdominal	ท้อง
Allergies	ภูมิแพ้
Chronique	เรื้อรัง
Contagieux	โรคติดต่อ
Corps	ร่างกาย
Cœur	หัวใจ
Faible	อ่อนแอ
Génétique	ทางพันธุกรรม
Héréditaire	กรรมพันธุ์
Immunité	ภูมิคุ้มกัน
Inflammation	การอักเสบ
Lombaire	ลุมบาร์
Neuropathie	โรคประสาท
Os	กระดูก
Pulmonaire	เกี่ยวกับปอด
Respiratoire	หายใจ
Santé	สุขภาพ
Sinus	ไซนัส
Syndrome	ซินโดรม
Thérapie	การบำบัด

Mammifères
สัตว์เลี้ยงลูกด้วยนม

Baleine	วาฬ
Chat	แมว
Cheval	ม้า
Chien	หมา
Coyote	โคโยตี้
Dauphin	ปลาโลมา
Éléphant	ช้าง
Girafe	ยีราฟ
Gorille	กอริลลา
Kangourou	จิงโจ้
Lapin	กระต่าย
Lion	สิงโต
Loup	หมาป่า
Mouton	แกะ
Ours	หมี
Renard	ฟ็อกซ์
Singe	ลิง
Taureau	โค
Tigre	เสือ
Zèbre	ม้าลาย

Mathématiques
คณิตศาสตร์

Angles	มุม
Arithmétique	เลขคณิต
Circonférence	เส้นรอบวง
Degrés	องศา
Décimal	ทศนิยม
Division	แผนก
Exposant	ตัวแทน
Équation	สมการ
Fraction	เศษส่วน
Géométrie	เรขาคณิต
Nombres	หมายเลข
Parallèle	ขนาน
Perpendiculaire	ตั้งฉาก
Périmètre	ขอบ
Rayon	รัศมี
Somme	รวม
Symétrie	สมมาตร
Triangle	สามเหลี่ยม
Volume	ระดับเสียง

Mesures
การวัด

Centimètre	เซนติเมตร
Degré	องศา
Décimal	ทศนิยม
Gramme	กรัม
Hauteur	ความสูง
Kilogramme	กิโลกรัม
Kilomètre	กิโลเมตร
Largeur	ความกว้าง
Litre	ลิตร
Longueur	ความยาว
Masse	มวล
Mètre	เมตร
Minute	นาที
Octet	ไบต์
Once	ออนซ์
Poids	น้ำหนัก
Pouce	นิ้ว
Profondeur	ความลึก
Tonne	ตัน
Volume	ระดับเสียง

Méditation
การทำสมาธิ

Acceptation	การยอมรับ
Attention	ความสนใจ
Calme	สงบ
Clarté	ความชัดเจน
Esprit	ใจ
Émotions	อารมณ์
Éveillé	ตื่น
Gentillesse	ความเมตตา
Gratitude	ความกตัญญู
Habitudes	นิสัย
Mental	จิต
Mouvement	การเคลื่อนไหว
Musique	ดนตรี
Nature	ธรรมชาติ
Observation	การสังเกต
Paix	สันติภาพ
Perspective	มุมมอง
Posture	ท่าทาง
Respiration	การหายใจ
Silence	ความเงียบ

Météo
สภาพอากาศ

Arc-En-Ciel	สายรุ้ง
Atmosphère	บรรยากาศ
Brise	บรีซ
Brouillard	หมอก
Ciel	ท้องฟ้า
Climat	สภาพอากาศ
Glace	น้ำแข็ง
Inondation	น้ำท่วม
Mousson	มรสุม
Nuage	คลาวด์
Ouragan	พายุเฮอริเคน
Polaire	โพลาร์
Sec	แห้ง
Sécheresse	แล้ง
Température	อุณหภูมิ
Tempête	พายุ
Tonnerre	ฟ้าร้อง
Tornade	พายุทอร์นาโด
Tropical	เขตร้อน
Vent	ลม

Musique
ดนตรี

Album	อัลบั้ม
Ballade	บัลลาด
Chanter	ร้องเพลง
Chanteur	นักร้อง
Classique	คลาสสิก
Enregistrement	การบันทึก
Éclectique	ผสมผสาน
Harmonie	ความสามัคคี
Improviser	โอ๊ะโอ
Instrument	ตราสาร
Lyrique	ลีริคัล
Mélodie	ทำนอง
Microphone	ไมโครโฟน
Musical	ดนตรี
Musicien	นักดนตรี
Opéra	โอเปร่า
Poétique	บทกวี
Rythme	จังหวะ
Rythmique	เป็นจังหวะ

Mythologie
ตำนานเทพนิยาย

Archétype	ต้นแบบ
Catastrophe	ภัยพิบัติ
Comportement	พฤติกรรม
Création	การสร้าง
Créature	สิ่งมีชีวิต
Croyances	ความเชื่อ
Culture	วัฒนธรรม
Éclair	ฟ้าผ่า
Force	แรง
Guerrier	นักรบ
Héros	ฮีโร่
Immortalité	อมตภาพ
Jalousie	ความหึงหวง
Labyrinthe	เขาวงกต
Légende	ตำนาน
Magique	วิเศษ
Monstre	สัตว์ประหลาด
Mortel	ยแร
Tonnerre	ฟ้าร้อง
Vengeance	แก้แค้น

Nature
ธรรมชาติ

Abeilles	ผึ้ง
Abri	ที่หลบภัย
Animaux	สัตว์
Arctique	อาร์กติก
Beauté	ความงาม
Brouillard	หมอก
Désert	ทะเลทราย
Dynamique	พลวัต
Érosion	ร่อน
Falaises	หน้าผา
Feuillage	ใบไม้
Fleuve	แม่น้ำ
Forêt	ป่า
Glacier	ธารน้ำแข็ง
Montagnes	ภูเขา
Nuage	เมฆ
Paisible	สงบ
Serein	นิ่ง
Tropical	เขตร้อน
Vital	สำคัญมาก

Nombres
ตัวเลข

Cinq	ห้า
Deux	สอง
Décimal	ทศนิยม
Dix	สิบ
Dix-Huit	สิบแปด
Dix-Neuf	สิบเก้า
Dix-Sept	สิบเจ็ด
Douze	สิบสอง
Huit	แปด
Neuf	เก้า
Quatorze	สิบสี่
Quatre	สี่
Quinze	สิบห้า
Seize	สิบหก
Sept	เจ็ด
Six	หก
Treize	สิบสาม
Trois	สาม
Vingt	ยี่สิบ
Zéro	ศูนย์

Nourriture #1
อาหาร #1

Abricot	แอปริคอท
Ail	กระเทียม
Basilic	โหระพา
Café	กาแฟ
Cannelle	อบเชย
Carotte	แครอท
Citron	มะนาว
Épinard	ผักโขม
Jus	น้ำผลไม้
Lait	นม
Navet	หัวผักกาด
Oignon	หัวหอม
Orge	บาร์เลย์
Poire	ลูกแพร์
Salade	สลัด
Sel	เกลือ
Soupe	ซุป
Sucre	น้ำตาล
Thon	ทูน่า
Viande	เนื้อ

Nourriture #2
อาหาร #2

Amande	อัลมอนด์
Aubergine	มะเขือ
Banane	กล้วย
Blé	ข้าวสาลี
Brocoli	บรอกโคลี
Cerise	เชอร์รี่
Céleri	ขึ้นฉ่าย
Champignon	เห็ด
Chocolat	ช็อคโกแลต
Jambon	แฮม
Kiwi	กีวี่
Mangue	มะม่วง
Oeuf	ไข่
Pain	ขนมปัง
Poisson	ปลา
Pomme	แอปเปิ้ล
Poulet	ไก่
Raisin	องุ่น
Riz	ข้าว
Tomate	มะเขือเทศ

Nutrition
โภชนาการ

Amer	ขม
Appétit	ความกระหาย
Calories	แคลอรี่
Comestible	กินได้
Diète	อาหาร
Digestion	การย่อย
Épices	เครื่องเทศ
Équilibré	สมดุล
Fermentation	การหมัก
Glucides	คาร์โบไฮเดรต
Liquides	ของเหลว
Poids	น้ำหนัก
Protéines	โปรตีน
Qualité	คุณภาพ
Sain	แข็งแรง
Santé	สุขภาพ
Sauce	ซอส
Saveur	รสชาติ
Toxine	พิษ
Vitamine	วิตามิน

Océan
มหาสมุทร

Anguille	ปลาไหล
Baleine	วาฬ
Bateau	เรือ
Corail	ปะการัง
Crabe	ปู
Crevette	กุ้ง
Dauphin	ปลาโลมา
Éponge	ฟองน้ำ
Huître	หอยนางรม
Marées	น้ำขึ้นน้ำลง
Méduse	แมงกะพรุน
Poisson	ปลา
Poulpe	ปลาหมึกยักษ์
Requin	ฉลาม
Récif	รีฟ
Sel	เกลือ
Tempête	พายุ
Thon	ทูน่า
Tortue	เต่า
Vagues	คลื่น

Oiseaux
นก

Aigle	อินทรี
Autruche	นกกระจอกเทศ
Canard	เป็ด
Cigogne	นกกระสา
Colombe	นกพิราบ
Corbeau	อีกา
Coucou	นกกาเหว่า
Cygne	หงส์
Flamant	ฟลามิงโก
Héron	กระสา
Manchot	เพนกวิน
Moineau	กระจอก
Mouette	นางนวล
Oeuf	ไข่
Oie	ห่าน
Paon	นกยูง
Perroquet	นกแก้ว
Pélican	นกกระทุง
Poulet	ไก่
Toucan	ทูแคน

Pays #1
ประเทศ #1

Afghanistan	อัฟกานิสถาน
Allemagne	เยอรมนี
Argentine	อาร์เจนตินา
Brésil	บราซิล
Canada	แคนาดา
Espagne	สเปน
Équateur	เอกวาดอร์
Finlande	ฟินแลนด์
Inde	อินเดีย
Israël	อิสราเอล
Libye	ลิเบีย
Mali	มาลี
Maroc	โมร็อคโค
Nicaragua	นิการากัว
Norvège	นอร์เวย์
Panama	ปานามา
Philippines	ฟิลิปปินส์
Pologne	โปแลนด์
Roumanie	โรมาเนีย
Venezuela	เวเนซุเอลา

Pays #2
ประเทศ #2

Albanie	แอลเบเนีย
Chine	จีน
Danemark	เดนมาร์ก
France	ฝรั่งเศส
Haïti	เฮติ
Indonésie	อินโดนีเซีย
Irlande	ไอร์แลนด์
Jamaïque	จาไมก้า
Japon	ญี่ปุ่น
Kenya	เคนยา
Laos	ลาว
Liban	เลบานอน
Mexique	เม็กซิโก
Ouganda	ยูกันดา
Pakistan	ปากีสถาน
Russie	รัสเซีย
Somalie	โซมาเลีย
Soudan	ซูดาน
Syrie	ซีเรีย
Ukraine	ยูเครน

Paysages
ทิวทัศน์

Cascade	น้ำตก
Colline	เนินเขา
Désert	ทะเลทราย
Estuaire	ปากน้ำ
Fleuve	แม่น้ำ
Geyser	ไกเซอร์
Glacier	ธารน้ำแข็ง
Grotte	ถ้ำ
Iceberg	ภูเขาน้ำแข็ง
Île	เกาะ
Lac	ทะเลสาบ
Marais	บึง
Mer	ทะเล
Montagne	ภูเขา
Oasis	โอเอซิส
Péninsule	คาบสมุทร
Plage	ชายหาด
Toundra	ทุนดรา
Vallée	หุบเขา
Volcan	ภูเขาไฟ

Philanthropie
การกุศล

Besoin	ต้องการ
Buts	เป้าหมาย
Charité	การกุศล
Communauté	ชุมชน
Contacts	ติดต่อ
Défis	ความท้าทาย
Finance	การเงิน
Fonds	กองทุน
Gens	ผู้คน
Générosité	ความเอื้ออาทร
Global	ทั่วโลก
Groupes	กลุ่ม
Histoire	ประวัติศาสตร์
Honnêteté	ความซื่อสัตย์
Humanité	มนุษยชาติ
Jeunesse	เยาวชน
Mission	ภารกิจ
Programmes	โปรแกรม
Public	สาธารณะ

Physique
ฟิสิกส์

Atome	อะตอม
Chaos	ความวุ่นวาย
Chimique	เคมี
Densité	ความหนาแน่น
Expansion	การขยายตัว
Électron	อิเล็กตรอน
Formule	สูตร
Fréquence	ความถี่
Gaz	แก๊ส
Gravité	แรงโน้มถ่วง
Magnétisme	แม่เหล็ก
Masse	มวล
Mécanique	กลศาสตร์
Molécule	โมเลกุล
Moteur	เครื่องยนต์
Nucléaire	นิวเคลียร์
Particule	อนุภาค
Relativité	สัมพัทธภาพ
Universel	สากล
Vitesse	ความเร็ว

Plantes
พืช

Arbre	ต้นไม้
Baie	เบอร์รี่
Bambou	ไม้ไผ่
Botanique	พฤกษศาสตร์
Buisson	บุช
Cactus	กระบองเพชร
Engrais	ปุ๋ย
Feuillage	ใบไม้
Fleur	ดอกไม้
Flore	ฟลอรา
Forêt	ป่า
Grandir	เติบโต
Haricot	ถั่ว
Herbe	หญ้า
Jardin	สวน
Lierre	ไอวี่
Mousse	มอสส์
Pétale	กลีบ
Racine	ราก
Végétation	พืช

Professions #1
วิชาชีพ #1

Ambassadeur	เอกอัครราชทูต
Artiste	ศิลปิน
Astronome	นักดาราศาสตร์
Avocat	ทนายความ
Banquier	นายธนาคาร
Bijoutier	อัญมณี
Chasseur	ฮันเตอร์
Comptable	นักบัญชี
Danseur	นักเต้น
Entraîneur	โค้ช
Éditeur	บรรณาธิการ
Géologue	นักธรณีวิทยา
Infirmière	พยาบาล
Médecin	หมอ
Musicien	นักดนตรี
Pianiste	นักเปียโน
Plombier	ช่างประปา
Pompier	ดับเพลิง
Psychologue	นักจิตวิทยา
Vétérinaire	สัตวแพทย์

Professions #2
วิชาชีพ #2

Astronaute	นักบินอวกาศ
Bibliothécaire	บรรณารักษ์
Biologiste	นักชีววิทยา
Chercheur	นักวิจัย
Chirurgien	ศัลยแพทย์
Dentiste	ทันตแพทย์
Détective	นักสืบ
Enquêteur	ผู้สอบสวน
Enseignant	ครู
Ingénieur	วิศวกร
Inventeur	นักประดิษฐ์
Jardinier	คนสวน
Journaliste	นักข่าว
Linguiste	นักภาษาศาสตร์
Médecin	แพทย์
Peintre	จิตรกร
Philosophe	นักปรัชญา
Photographe	ช่างภาพ
Pilote	นักบิน
Zoologiste	นักสัตววิทยา

Psychologie
จิตวิทยา

Clinique	คลินิก
Comportement	พฤติกรรม
Conflit	ความขัดแย้ง
Ego	อัตตา
Enfance	วัยเด็ก
Expériences	ประสบการณ์
Émotions	อารมณ์
Évaluation	การประเมิน
Idées	ไอเดีย
Inconscient	หมดสติ
Influences	อิทธิพล
Pensées	ความคิด
Perception	การรับรู้
Personnalité	บุคลิกภาพ
Problème	ปัญหา
Rendez-Vous	การนัดหมาย
Réalité	ความเป็นจริง
Rêves	ความฝัน
Subconscient	จิตใต้สำนึก
Thérapie	การบำบัด

Randonnée
เดินป่า

Animaux	สัตว์
Bottes	รองเท้าบูท
Carte	แผนที่
Climat	ภูมิอากาศ
Dangers	อันตราย
Eau	น้ำ
Falaise	หน้าผา
Fatigué	เหนื่อย
Guides	คำแนะนำ
Lourd	หนัก
Météo	สภาพอากาศ
Montagne	ภูเขา
Moustiques	ยุง
Nature	ธรรมชาติ
Orientation	ปฐมนิเทศ
Pierres	หิน
Préparation	การตระเตรียม
Sauvage	ป่า
Soleil	ดวงอาทิตย์

Restaurant #1
ร้านอาหาร #1

Allergie	ภูมิแพ้
Assiette	จาน
Bol	ชาม
Café	กาแฟ
Caissier	แคชเชียร์
Couteau	มีด
Cuisine	ครัว
Dessert	ขนม
Épicé	เผ็ด
Ingrédients	ส่วนผสม
Menu	เมนู
Nourriture	อาหาร
Pain	ขนมปัง
Poulet	ไก่
Réservation	การจอง
Sauce	ซอส
Serveuse	พนักงานเสิร์ฟ
Serviette	ผ้าเช็ดปาก
Viande	เนื้อ

Restaurant #2
ร้านอาหาร #2

Boisson	เครื่องดื่ม
Chaise	เก้าอี้
Cuillère	ช้อน
Déjeuner	อาหารกลางวัน
Délicieux	อร่อย
Dîner	อาหารเย็น
Eau	น้ำ
Épices	เครื่องเทศ
Fourchette	ส้อม
Fruit	ผลไม้
Gâteau	เค้ก
Glace	น้ำแข็ง
Légumes	ผัก
Nouilles	ก๋วยเตี๋ยว
Oeuf	ไข่
Poisson	ปลา
Salade	สลัด
Sel	เกลือ
Serveur	บริกร
Soupe	ซุป

Réchauffement Climatique
ภาวะโลกร้อน

Arctique	อาร์กติก
Attention	ความสนใจ
Climat	ภูมิอากาศ
Conséquences	ผลที่ตามมา
Crise	วิกฤติ
Développement	การพัฒนา
Données	ข้อมูล
Énergie	พลังงาน
Futur	อนาคต
Gaz	แก๊ส
Générations	รุ่น
Gouvernement	รัฐบาล
Humains	มนุษย์
Industrie	อุตสาหกรรม
International	ระหว่างประเทศ
Législation	กฎหมาย
Maintenant	ตอนนี้
Populations	ประชากร
Significatif	สำคัญ
Températures	อุณหภูมิ

Santé et Bien-Être #1
สุขภาพและสุขภาพ #1

Actif	คล่องแคล่ว
Bactéries	แบคทีเรีย
Blessure	บาดเจ็บ
Clinique	คลินิก
Faim	ความหิว
Fracture	แตกหัก
Habitude	นิสัย
Hauteur	ความสูง
Hormone	ฮอร์โมน
Médecin	หมอ
Médicament	ยา
Muscles	กล้ามเนื้อ
Os	กระดูก
Peau	ผิว
Pharmacie	ร้านขายยา
Posture	ท่าทาง
Réflexe	สะท้อน
Thérapie	การบำบัด
Traitement	การรักษา
Virus	ไวรัส

Santé et Bien-Être #2
สุขภาพและสุขภาพ #2

Allergie	ภูมิแพ้
Appétit	ความกระหาย
Calorie	แคลอรี่
Corps	ร่างกาย
Déshydratation	การคายน้ำ
Diète	อาหาร
Énergie	พลังงาน
Génétique	พันธุศาสตร์
Hôpital	โรงพยาบาล
Hygiène	สุขอนามัย
Infection	การติดเชื้อ
Maladie	โรค
Massage	นวด
Nutrition	โภชนาการ
Poids	น้ำหนัก
Récupération	การกู้คืน
Sain	แข็งแรง
Sang	เลือด
Stress	ความเครียด
Vitamine	วิตามิน

Science
วิทยาศาสตร์

Atome	อะตอม
Chimique	เคมี
Climat	ภูมิอากาศ
Données	ข้อมูล
Expérience	การทดลอง
Évolution	วิวัฒนาการ
Fait	ข้อเท็จจริง
Fossile	ฟอสซิล
Gravité	แรงโน้มถ่วง
Hypothèse	สมมติฐาน
Méthode	วิธี
Minéraux	แร่ธาตุ
Molécules	โมเลกุล
Nature	ธรรมชาติ
Observation	การสังเกต
Organisme	สิ่งมีชีวิต
Particules	อนุภาค
Physique	ฟิสิกส์
Plantes	พืช

Science-Fiction
นิยายวิทยาศาสตร์

Atomique	อะตอม
Cinéma	โรงภาพยนตร์
Dystopie	ดิสโทเปีย
Explosion	การระเบิด
Extrême	สุดขีด
Fantastique	มหัศจรรย์
Feu	ไฟ
Futuriste	อนาคต
Galaxie	กาแลกซี่
Illusion	ภาพลวงตา
Imaginaire	เพ้อฝัน
Livres	หนังสือ
Monde	โลก
Mystérieux	ลึกลับ
Oracle	สิทธิ์
Planète	ดาวเคราะห์
Robots	หุ่นยนต์
Scénario	สถานการณ์
Technologie	เทคโนโลยี
Utopie	ยูโทเปีย

Technologie
เทคโนโลยี

Affichage	แสดง
Blog	บล็อก
Caméra	กล้อง
Curseur	เคอร์เซอร์
Données	ข้อมูล
Écran	หน้าจอ
Fichier	ไฟล์
Internet	อินเทอร์เน็ต
Logiciel	ซอฟต์แวร์
Message	ข้อความ
Navigateur	เบราว์เซอร์
Numérique	ดิจิทัล
Octets	ไบต์
Ordinateur	คอมพิวเตอร์
Police	แบบอักษร
Recherche	วิจัย
Sécurité	ความปลอดภัย
Statistiques	สถิติ
Virtuel	เสมือน
Virus	ไวรัส

Temps
เวลา

Année	ปี
Annuel	ประจำปี
Après	หลังจาก
Avant	ก่อน
Bientôt	ในไม่ช้า
Calendrier	ปฏิทิน
Décennie	ทศวรรษ
Futur	อนาคต
Heure	ชั่วโมง
Hier	เมื่อวาน
Horloge	นาฬิกา
Jour	วัน
Maintenant	ตอนนี้
Matin	เช้า
Midi	เที่ยง
Minute	นาที
Mois	เดือน
Nuit	กลางคืน
Semaine	สัปดาห์
Siècle	ศตวรรษ

Types de Cheveux
ประเภทผม

Argent	เงิน
Blanc	ขาว
Blond	สีบลอนด์
Brillant	เงา
Chauve	หัวล้าน
Coloré	สี
Court	สั้น
Doux	อ่อนนุ่ม
Épais	หนา
Frisé	หยิก
Gris	สีเทา
Long	ยาว
Marron	สีน้ำตาล
Mince	บาง
Noir	สีดำ
Ondulé	หยัก
Sain	แข็งแรง
Sec	แห้ง
Tresses	ถักเปีย
Tressé	ถัก

Univers
จักรวาล

Astronome	นักดาราศาสตร์
Astronomie	ดาราศาสตร์
Atmosphère	บรรยากาศ
Ciel	ท้องฟ้า
Cosmique	ฟังดู
Équateur	เส้นศูนย์สูตร
Galaxie	กาแลกซี่
Hémisphère	ซีกโลก
Horizon	ขอบฟ้า
Inclinaison	เอียง
Latitude	ละติจูด
Longitude	เส้นแวง
Lune	ดวงจันทร์
Obscurité	ความมืด
Orbite	วงโคจร
Solaire	แสงอาทิตย์
Solstice	อายัน
Visible	มองเห็นได้
Zodiaque	จักรราศี

Vacances #2
วันหยุด #2

Aéroport	สนามบิน
Carte	แผนที่
Destination	ปลายทาง
Étranger	ชาวต่างชาติ
Hôtel	โรงแรม
Île	เกาะ
Loisir	เวลาว่าง
Mer	ทะเล
Montagnes	ภูเขา
Photos	ภาพถ่าย
Plage	ชายหาด
Restaurant	ร้านอาหาร
Réservations	จอง
Taxi	แท็กซี่
Tente	เต็นท์
Train	รถไฟ
Transport	การขนส่ง
Vacances	วันหยุด
Visa	วีซ่า
Voyage	การเดินทาง

Véhicules
ยานพาหนะ

Ambulance	รถพยาบาล
Avion	เครื่องบิน
Bateau	เรือ
Bus	รถเมล์
Camion	รถบรรทุก
Caravane	คาราวาน
Ferry	เรือข้ามฟาก
Fusée	จรวด
Hélicoptère	เฮลิคอปเตอร์
Métro	รถไฟใต้ดิน
Moteur	เครื่องยนต์
Navette	กระสวย
Pneus	ยาง
Radeau	แพ
Scooter	สกู๊ตเตอร์
Sous-Marin	เรือดำน้ำ
Taxi	แท็กซี่
Tracteur	รถแทรกเตอร์
Vélo	จักรยาน
Voiture	รถ

Vêtements
เสื้อผ้า

Bracelet	สร้อยข้อมือ
Ceinture	เข็มขัด
Chapeau	หมวก
Chaussettes	ถุงเท้า
Chaussure	รองเท้า
Chemise	เสื้อ
Collier	สร้อยคอ
Foulard	ผ้าพันคอ
Gants	ถุงมือ
Jeans	ยีนส์
Jupe	กระโปรง
Manteau	เสื้อโค้ท
Mode	แฟชั่น
Pantalon	กางเกง
Pull	เสื้อคลุม
Pyjama	ชุดนอน
Robe	ชุด
Sandales	รองเท้าแตะ
Tablier	ผ้ากันเปื้อน
Veste	แจ็คเก็ต

Ville
เมือง

Aéroport	สนามบิน
Banque	ธนาคาร
Bibliothèque	ห้องสมุด
Boulangerie	เบเกอรี่
Café	คาเฟ่
Cinéma	โรงภาพยนตร์
Clinique	คลินิก
École	โรงเรียน
Fleuriste	ดอกไม้ดี
Galerie	แกลเลอรี่
Hôtel	โรงแรม
Librairie	ร้านหนังสือ
Marché	ตลาด
Musée	พิพิธภัณฑ์
Pharmacie	ร้านขายยา
Restaurant	ร้านอาหาร
Stade	สนามกีฬา
Théâtre	โรงละคร
Université	มหาวิทยาลัย
Zoo	สวนสัตว์

Félicitations

Vous avez réussi !

Nous espérons que vous avez apprécié ce livre autant que nous avons pris plaisir à le concevoir. Nous faisons de notre mieux pour créer des livres de la meilleure qualité possible.
Cette édition est conçue pour permettre un apprentissage intelligent et de qualité en se divertissant !

Vous avez aimé ce livre ?

Une Simple Demande

Nos livres existent grâce aux avis que vous publiez. Pourriez-vous nous aider en laissant un avis maintenant ?

Voici un lien rapide qui vous mènera à votre page d'évaluation de vos commandes :

BestBooksActivity.com/Avis50

CHALLENGE FINAL !

Défi n°1

Êtes-vous prêt pour votre jeu bonus ? Nous les utilisons tout le temps mais ils ne sont pas si faciles à trouver. Voici les **Synonymes** !

Notez 5 mots que vous avez trouvés dans les puzzles notés ci-dessous (n°21, n°36, n°76) et essayez de trouver 2 synonymes pour chaque mot.

Notez 5 Mots du ***Puzzle 21***

Mots	Synonyme 1	Synonyme 2

Notez 5 Mots du ***Puzzle 36***

Mots	Synonyme 1	Synonyme 2

Notez 5 Mots du ***Puzzle 76***

Mots	Synonyme 1	Synonyme 2

Défi n°2

Maintenant que vous vous êtes échauffé, notez 5 mots que vous avez découverts dans les Puzzles n° 9, n° 17, n° 25 et essayez de trouver 2 antonymes pour chaque mot. Combien pouvez-vous en trouver en 20 minutes ?

Notez 5 Mots du ***Puzzle 9***

Mots	Antonyme 1	Antonyme 2

Notez 5 Mots du ***Puzzle 17***

Mots	Antonyme 1	Antonyme 2

Notez 5 Mots du ***Puzzle 25***

Mots	Antonyme 1	Antonyme 2

Défi n°3

Formidable ! Ce défi final  n'est rien pour vous.

Prêt pour le dernier défi ? Choisissez 10 mots que vous avez découverts parmi les différents puzzles et notez-les ci-dessous.

1.	6.
2.	7.
3.	8.
4.	9.
5.	10.

Maintenant, composez un texte en pensant à une personne, un animal ou un lieu que vous aimez !

Astuce: Vous pouvez utiliser la dernière page de ce livre comme brouillon !

Votre Composition :

CARNET DE NOTES :

À TRÈS BIENTÔT !

Toute l'équipe

www.ingramcontent.com/pod-product-compliance
Lightning Source LLC
Chambersburg PA
CBHW082210120626
46553CB00010B/3086
* 9 7 9 8 8 9 6 7 0 7 2 0 2 *